Manon Sander

Quereinsteiger*in – Neu im Lehrerjob

Alle Herausforderungen souverän und erfolgreich meistern

Unsere Autorin: Manon Sander studierte Lehramt für Grund- und Hauptschule an der Pädagogischen Hochschule in Karlsruhe. Von 1994 bis 1996 war sie Lehramtsanwärterin an einer Grundschule in NRW. Sie legte die zweite Staatsprüfung für Primarstufen ab, unterrichtete im Folgenden an verschiedenen Schulen und Schultypen in NRW und legte im Laufe dieser Zeit die Zusatzprüfung für die Sekundarstufe I ab. Immer wieder beschäftigte Sie sich mit alternativen Schulformen. Von 2004 bis 2013 war sie an der Universität Bielefeld im Rahmen der Lehrer*innenausbildung in der Praktikumsbetreuung tätig. Sie engagierte sich außerdem bei „Schulen ans Netz". 2014 bis 2016 arbeitete sie als akademische Mitarbeiterin an der PH Karlsruhe im Bereich Unterrichtsentwicklung in der Primar- und Sekundarstufe. Seit 2005 ist sie als Autorin im Bereich Erziehungswissenschaften tätig. Sie beschäftigt sich intensiv mit pädagogischen Konzepten im Ausland.

Wir haben uns für die Schreibweise mit dem Sternchen entschieden, damit sich Frauen, Männer und alle Menschen, die sich anders bezeichnen, gleichermaßen angesprochen fühlen. Aus Gründen der besseren Lesbarkeit für die Schüler*innen verwenden wir in den Kopiervorlagen das generische Maskulinum.

1. Auflage 2020
© 2020 Auer Verlag, Augsburg
AAP Lehrerwelt GmbH
Alle Rechte vorbehalten.

Das Werk als Ganzes sowie in seinen Teilen unterliegt dem deutschen Urheberrecht. Der Erwerber des Werks ist berechtigt, das Werk als Ganzes oder in seinen Teilen für den eigenen Gebrauch und den Einsatz im Unterricht zu nutzen. Die Nutzung ist nur für den genannten Zweck gestattet, nicht jedoch für einen weiteren kommerziellen Gebrauch, für die Weiterleitung an Dritte oder für die Veröffentlichung im Internet oder in Intranets. Eine über den genannten Zweck hinausgehende Nutzung bedarf in jedem Fall der vorherigen schriftlichen Zustimmung des Verlags.

Sind Internetadressen in diesem Werk angegeben, wurden diese vom Verlag sorgfältig geprüft. Da wir auf die externen Seiten weder inhaltliche noch gestalterische Einflussmöglichkeiten haben, können wir nicht garantieren, dass die Inhalte zu einem späteren Zeitpunkt noch dieselben sind wie zum Zeitpunkt der Drucklegung. Der Auer Verlag übernimmt deshalb keine Gewähr für die Aktualität und den Inhalt dieser Internetseiten oder solcher, die mit ihnen verlinkt sind, und schließt jegliche Haftung aus.

Covergestaltung: Kirstin Lenhart, München
Coverfoto: iStock SanneBerg
Illustrationen: Julia Flasche, Berlin
Satz: fotosatz griesheim GmbH
Druck und Bindung: Korrekt Nyomdaipari Kft
ISBN 978-3-403-**08196**-8

www.auer-verlag.de

Inhaltsverzeichnis

Vorwort — 4

Aller Anfang ist schwer
Tipps und Hinweise für den ersten Einstieg — 5

Planung ist alles
Wie wird so ein Unterricht eigentlich aufgebaut und welche Arbeitsformen gibt es? — 12

Alle zusammen – aber wie nur?
Was bedeutet Inklusion für meinen Unterricht? — 20

Ich verstehe kein Wort!
Schüler*innen mit anderen Muttersprachen brauchen besondere Unterstützung — 26

Von Auffälligkeiten bis Störungen
Vieles kann den Unterricht ins Stocken bringen — 31

Alle machen etwas anderes
Individuelle Förderung in heterogenen Klassen — 39

Hausaufgaben statt Frust
Wie vergibt man sinnvolle und unterstützende Hausaufgaben? — 44

Wir zücken den Rotstift!
Tipps zum Erstellen von Leistungsüberprüfungen, zum Korrigieren und zur fairen Leistungsbewertung — 50

Zoff im Klassenzimmer
Kleine Neckerei oder handfestes Mobbing? — 57

Partnerschaft statt Gegeneinander
Schüler*innen- und Elternarbeit geht weit über das Unterrichten hinaus — 61

Feedback-Kultur
Wer gibt wem welche Rückmeldungen? — 69

Freistunde ade, Vertretung steht an!
Stunden für Schüler*innen mit sinnvollen Inhalten füllen ohne (viel) Mehrarbeit — 74

Ich kann nicht mehr!
So weit muss es nicht kommen, vorher an die Work-Life-Balance denken — 77

War da noch was?
Gezielt auf die eigene Abschlussprüfung hinarbeiten — 82

Literaturverzeichnis — 88

Vorwort

Erst einmal herzlichen Glückwunsch und vielen Dank!

Sie interessieren sich für eine berufliche Veränderung und denken über eine Tätigkeit als Lehrer*in nach. Vielleicht haben Sie sich bereits für eine Tätigkeit in der Schule entschieden und gehören zu den vielen Quereinsteiger*innen, die zwischen Flensburg und München, zwischen Cottbus und Aachen helfen, den Schulbetrieb besser zu gestalten.

Sie unterstützen Schüler*innen zukünftig dabei, den Schulalltag möglichst erfolgreich zu meistern und es ist ein tolles Gefühl zu wissen, dass man im Leben von Kindern und jungen Menschen entscheidende Veränderungen bewirken kann. Sie werden ihnen dabei helfen, dass sie lesen, schreiben und rechnen können. Sie bringen ihnen Fremdsprachen bei, Sie begeistern sie in Geistes- und Naturwissenschaften. Sie machen mit ihnen Sport, sie haben Freude und helfen Ihnen dabei, den Mut am Lernen nicht zu verlieren. Sie haben außerdem Einfluss darauf, wie sie sich als Menschen entwickeln. Sie können ihre soziale Entwicklung positiv beeinflussen oder in ihnen das Interesse für viele Dinge wecken. All das – und vieles mehr – liegt in Ihrer Verantwortung. Das ist eine ganze Menge und Sie können als Quereinsteiger*in unbewusst vieles falsch machen. Damit dies nicht geschieht, erhalten Sie in diesem Buch wertvolle Tipps zu allen wichtigen Starterthemen.

Den wichtigsten Hinweis gibt es jedoch gleich am Anfang, damit er nicht überlesen wird: Sie arbeiten mit jungen Menschen und sicherlich können Sie sich noch gut daran erinnern, wie Sie sich in Ihrer Schulzeit gefühlt haben. Es gab gute Lehrer*innen und es gab schlechte. Überlegen Sie sich, was Sie als gut und fair empfunden haben und vor allem, was nicht. In der Regel kopiert man unbewusst Verhaltensmuster, ohne sich Gedanken zu machen, ob sie richtig sind oder falsch. Finden Sie Ihren eigenen Weg, fühlen Sie sich nach und nach immer sicherer und bewältigen Sie Ihren Arbeitsalltag zunehmend selbstverständlicher. Wir möchten Sie dabei in allen Situationen unterstützen.

Bitte beachten Sie: Es gibt Quereinsteiger*innen in allen Schulformen und in allen Bundesländern. Die Weiterbildungen und Bezeichnungen unterscheiden sich hier sehr oft. Da dieses Buch für alle Bundesländer entwickelt wurde, wird hier allgemein formuliert. Gleiches gilt auch für Gesetze.

Egal, in welchem Bundesland und in welcher Schulform Sie unterrichten wollen, ich wünsche Ihnen einen guten Start, viel Freude in Ihrem neuen Beruf und hoffe, dass die Tipps und Hinweise Ihnen helfen, sich bald sicher in Ihrer Schule zurechtzufinden!

Ihre Manon Sander

Aller Anfang ist schwer

Tipps und Hinweise für den ersten Einstieg

Der erste Tag in einem neuen Job ist nie einfach, das haben Sie sicherlich schon in Ihrer bisherigen Berufslaufbahn erlebt. In der Schule ist das nicht anders. Neben neuen Aufgaben und Herausforderungen steht das Kennenlernen der neuen Kolleg*innen auf dem Programm.

Es gibt Kollegien, die empfangen das neue Teammitglied herzlich mit einem Blumenstrauß und einem Büfett. Da macht es dann richtig Lust, in die neue Tätigkeit zu starten. Andere Quereinsteiger*innen haben einen etwas holprigen Erstkontakt mit den neuen Kolleg*innen. Es geht zwar mit einer recht freundlichen Begrüßung los, doch dann hört man, dass ja doch lieber eine richtige Lehrkraft gewollt gewesen wäre. Während man sich dann möglichst unauffällig auf einen Sitz fallen lässt und durchatmen möchte, wird einem von hinten auf die Schulter getippt, dass dies doch der falsche Platz sei und man lieber einen anderen Stuhl dort hinten nehmen solle. Bleibt nur noch die Flucht zum Kaffeeautomaten, doch die spontan ausgewählte Tasse mit dem Smiley wird dann schnell aus der Hand gerissen mit dem Kommentar, dass es sich hier um eine private Tasse handeln würde. Spätestens dann möchte man am liebsten weglaufen. Nehmen Sie solche Momente nicht zu schwer, sondern bleiben Sie in solchen Situationen sachlich, freundlich und konstruktiv. Wir zeigen Ihnen, wie es geht.

Schrittweise einbringen

Beginnen wir von vorne. Kollegien sind gewachsene Gemeinschaften. Einige Kolleg*innen sind schon sehr lange hier, man hat eine Menge gemeinsam erlebt. Wie in jeder Gruppe ist es für Neuankömmlinge dann schwer, alles zu verstehen und einen Platz zu finden. Um es ein wenig einfacher zu machen, wäre es toll, wenn man eine Einführung bekommen würde. Aber dies erfordert ein wenig Eigeninitiative. Am besten gehen Sie vor Dienstantritt (angemeldet) zur Schule und bitten darum, sich umschauen zu dürfen, zu hospitieren (wenn keine Ferien sind) und herumgeführt zu werden. Machen Sie sich ein Bild, schauen Sie sich um. Sprechen Sie mit denen, die Sie treffen. Werden Sie nicht vorgestellt, so stellen Sie sich vor. Und versuchen Sie, sich Namen zu merken.

Folgende Fragen sollten Sie klären:
- Wo parkt man am besten?
- Welche Türen nutzen die Lehrkräfte?
- Welches sind die Räume für die Lehrkräfte (Garderobe, Toiletten, Kopiergeräte)?
- Welche Schlüssel werden wo ausgehändigt?
- An welchen Stellen, die nicht zugänglich sind, kann man Dinge ablegen?
- Gibt es Sitzordnungen im Lehrer*innenzimmer?
- Wer kümmert sich um den Abwasch?
- Wird das Geschirr gestellt?
- Gibt es eine Kaffeekasse/Teekasse/Wasserkasse?

Stellen Sie diese Fragen nicht nur bei der Schulleitung und haken diese auf einer Liste ab, sondern prüfen Sie, welche Sie selbst vorab beantworten können, und fragen Sie situationsbezogen nach.

Sollte es Ihnen doch passieren, dass Sie das Wasser trinken, das Ihre Kolleg*innen gekauft haben, und man macht Sie darauf aufmerksam, dann entschuldigen Sie sich und fragen Sie gleich, ob Sie sich an den Kosten für die kommenden Wasserkisten beteiligen können.

Sitzen Sie auf einem falschen Stuhl, stehen Sie auf und entschuldigen Sie sich.

Es macht Ihren Einstieg leichter, wenn Sie sich an die Gegebenheiten anpassen. Wenn Sie Veränderungsvorschläge haben, dann sparen Sie sich diese für die kommenden Wochen und Monate auf.

Lehrerkollegien lieben ihre Abläufe und können oft nur schwer damit umgehen, von neuen Teammitgliedern Anregungen zu erhalten.

Kolleg*innen finden, die gleiche Fragen haben

Finden Sie Gleichgesinnte, mit denen Sie sich austauschen können. Suchen Sie Kontakt zu den Kolleg*innen, die ebenso wie Sie neu an der Schule sind. Gemeinsam können Sie sich einen Überblick über die allgemeinen Räume und die Ausstattung der Schule verschaffen und sich austauschen. Finden Sie heraus, welche Regeln gelten und wie Sie sich in allen Situationen richtig verhalten. Hier kommen zehn Punkte, die Sie unbedingt klären sollten. Einige Dinge werden wir in der Folge noch ausführlicher erläutern.

Wichtige Fragen:
- Einladung, Teilnahme und Verhalten im Rahmen von Elternabenden
- Art und Umfang der Hausaufgaben
- Verhalten bei vergessenen Hausaufgaben
- Verwendete Bücher
- Beschaffung von Handbüchern für Lehrkräfte
- Absprachen bei Klassenarbeiten/Tests
- Regularien bei Klassenarbeiten/Tests
- Richtiges Ausfüllen der Klassenbücher
- Beobachtung und Benotung der Schüler*innen
- Einbindung in die Teamarbeit an der Schule

Elternarbeit gehört auch zum Job

Eine wichtige Aufgabe im Lehrberuf ist die Elternarbeit. Sie treffen die Eltern zu verschiedenen Anlässen und Sie sollten Zeit in die Elternarbeit und Kontaktpflege investieren. Tun Sie dies nicht, können Ihnen die Eltern das Leben ganz einfach schwer machen. Referendar*innen und Quereinsteiger*innen haben es als „Starter" bei Eltern oft nicht leicht, es besteht die Sorge, dass die Kinder nicht die Unterstützung erhalten, die sie verdienen. Sie können im Vorfeld versuchen, die Elternkontakte möglichst professionell zu gestalten und die Eltern darüber hinaus einzubinden. So lernen Sie sich kennen, schätzen sich und die Eltern bekommen Ihre Stärken direkt mit. Es gibt verschiedene Anlässe für Elterntreffen: persönliche Elterngespräche in Ihrer Sprechstunde, den Elternstammtisch und natürlich der Elternabend. Diesen werden wir kurz skizzieren: Gleich zu Beginn Ihrer Tätigkeit sollten Sie sich mit den Eltern bekannt machen. Entweder organisiert hierzu Ihre betreuende Kollegin* Ihr betreuender Kollege einen Elternabend oder Sie kümmern sich direkt darum. An manchen Schulen leitet die Klassenlehrkraft den Termin allein. An manchen Schulen ist die Klassenleitung die ganze Zeit anwesend und ein bis zwei Lehrkräfte, die ein anderes Fach unterrichten, kommen hinzu. An anderen Schulen stellen sich alle Lehrkräfte vor, die die Klasse unterrichten. Erfragen Sie den Ablauf eines Elternabends zeitnah an Ihrer Schule, machen Sie sich, sofern sie Klassenlehrer*in sind, mit den Wahlen der Elternvertreter*innen vertraut und bereiten Sie diesen Abend so vor wie eine wichtige Unterrichtsstunde oder eine Präsentation in Ihrem früheren Beruf. Planen Sie eine kurze Vorstellung Ihrer eigenen Person ein: Ihre Erfahrungen, die Beweggründe für den Berufswechsel, Ihre Wünsche für die neue Tätigkeit könnten die Eltern interessieren. Bedenken Sie stets: Dies ist der erste Eindruck, den Sie bei den Eltern hinterlassen. Wenn Sie hier Ihre Sache gut machen, bekommen Sie positive Zustimmung. Wirkt der Elternabend ungeplant und Sie unvorbereitet, so werden die Eltern ihre Kinder bestätigen, sollte Ihnen ein (kleiner) Fehler unterlaufen.

Hausaufgabenpraktiken an der Schule klären

Hausaufgaben sind immer ein kritisches Thema. Eltern begutachten genau, wie viele Aufgaben die Kinder bekommen und wie diese, im Vergleich zu parallelen Klassen, aussehen. Sie wollen die Zeit einplanen können und sie meinen oft, den Leistungsstand ihrer Kinder anhand der Aufgaben erkennen zu können. Gleichzeitig sind Hausaufgaben ein wichtiges Lerninstrument. Darum gibt es später noch ein ausführliches

Kapitel zum Thema. Fragen Sie unbedingt bei der Schulleitung nach, wie Sie hier vorgehen sollen: Art der Aufgabe, Umfang, Dauer der Bearbeitung, Sanktionen bei vergessenen Hausaufgaben. So wissen Sie, in welchem Rahmen Sie sich bewegen sollen, vermeiden Fehlinformationen durch Kolleg*innen und können vor den Eltern stets souverän auftreten. Und das ist als Anfänger*in von großer Bedeutung.

Informationen zu Büchern einholen

Informieren Sie sich auch darüber, welche Bücher in welchen Klassen verwendet werden. Erkundigen Sie sich, ob Sie die Bücher für Ihre Fächer gestellt bekommen, oder ob sie diese selbst anschaffen müssen. Fragen Sie auch nach vorhandenen Handbüchern für Lehrkräfte. Es lohnt sich, diese zu kaufen, denn neben den Lösungen der Aufgaben sind in vielen dieser Bücher Ideen zur Stundenplanung enthalten und das kann Ihnen viel Arbeit abnehmen. Bringen Sie gleichzeitig in Erfahrung, welche weiteren Lehrwerke und Fachinformationen von der Schule gestellt und welche Bücher angeschafft werden müssen. Auch der Umgang mit den Schulbüchern der Kinder und Jugendlichen ist für Sie wichtig, denn auch hier gibt es nun unterschiedliche Vorgehensweisen. An manchen Schulen werden die Bücher komplett von der Klassenleitung in der ersten Stunde ausgegeben, in anderen Schulen bringt die Fachlehrkraft die Bücher mit. Manche Schulen haben auch eine elektronische Bücherausgabe, sodass die Schüler*innen zu einer bestimmten Zeit zum Abholen kommen müssen. Erkundigen Sie sich, wie es bei Ihnen gehandhabt wird, und handeln Sie entsprechend. Erkundigen Sie sich auch, wie man vorgeht, wenn Materialien zusätzlich angeschafft werden müssen: Werden diese klassenweise gekauft und die Schüler*innen bringen das Geld mit oder kauft jedes Kind für sich selbst ein? Wichtig: Es gibt klare rechtliche Vorgaben bei der Kopie und Nutzung von Arbeitsheften, Schulbüchern und sogenannten Kopiervorlagen. Erfragen Sie diese bei Ihrer Schulleitung. Erfragen Sie auch die Kopierpraxis. Wo befinden sich die Kopiergeräte? Wann kopieren Sie am besten und wann stehen Sie in der Kopierschlange? Wie nutzen Sie die Kopierer? Haben Sie einen Code oder eine Karte? Wie viele Kopien dürfen Sie in der Schule erstellen?

Praktiken zu Leistungskontrollen erfragen

Eine wichtige neue Aufgabe ist die Erstellung von Klassenarbeiten, Lernkontrollen und Klausuren. Das ist wahrscheinlich ein ganz neues Thema für Sie. Erfragen Sie deshalb bei der Schulleitung, wie Klassenarbeiten bzw. Tests entwickelt, durchgeführt und gehandhabt werden. Schreiben die Kolleg*innen vielleicht gemeinsam eine Arbeit oder findet sich jemand, der Ihnen alte Arbeiten zur Verfügung stellt? So können Sie sich erst einmal einen Überblick verschaffen. Erkundigen Sie sich auch, wie lange die Arbeiten und Tests sein sollen, wie viele verschiedene schriftliche Überprüfungen im Jahr geschrieben werden (müssen) und wie Sie mit Schüler*innen verfahren, die am Tag der Leistungsüberprüfung nicht da sind. Erfragen Sie auch die alternativen Methoden der Leistungsüberprüfung (z. B. mündliche und praktische Leistungsüberprüfungen), die inzwischen in nahezu allen Lehrplänen gefordert werden. An vielen Schulen ist es üblich, dass Klassenarbeiten im Rektorat abgezeichnet werden. Solange die Arbeiten im Rahmen sind, benötigen Sie drei Beispielarbeiten, eine gute, eine aus dem Mittelfeld und eine, die nicht so gut gelungen ist. Ist die Arbeit zu schlecht ausgefallen (abhängig vom Schnitt oder von der Anzahl schlechter Arbeiten), so muss sie genehmigt bzw. noch einmal geschrieben werden.

Klassenbücher sind Arbeitsnachweise

Lassen Sie sich auch die Handhabung von Klassenbüchern erklären. Während an Grundschulen die Klassenbücher von der Klassenleitung geführt werden, sind es an den weiterführenden Schulen die Schüler*innen selbst, die das Klassenbuch mit sich führen. Die Klassenlehrer*innen müssen die Bücher dann nur wöchentlich abzeichnen. Klären Sie außerdem, wo diese Bücher gelagert werden und was Sie im Falle des Verschwindens eines Buches tun sollen. Klassenbücher sind Nachweise über Ihre Tätigkeit und die Ihrer Kolleg*innen. Man kann darin lesen, was durchgenommen wurde. Es steht darin, welches Kind den Unterricht versäumt hat und welche Leistungen erbracht wurden. Auch wenn die Klassenbücher oft von merkwürdigen Einträgen überfüllt sind, so sind sie eine Dokumentation, die im Rahmen von Fehlverhalten wichtig sein kann. Da diese Bücher gerade in älteren Jahrgangsstufen auch gern verschwinden, sollten Sie sich angewöhnen, die Einträge, die Sie machen (Stunden, Hausaufgabe, Anmerkungen), noch in ein weiteres Heft, das Sie selbst bei sich tragen, zu kopieren. So kann gewährleistet sein, dass Sie immer einen Nachweis vorzeigen können. Zusätzlich sollten Sie als Klassenleitung die Bemerkungen/Anmerkungen Ihrer Kollegen*innen ebenfalls in diesem Heft vermerken.

Fragen Sie nach, ob es ergänzend oder alternativ digitale Tools an der Schule gibt und wie Sie diese richtig nutzen. Immer mehr Schulen arbeiten mit digitalen Lösungen, um die Bearbeitung und Dokumentation zu erleichtern.

Sprachgebrauch der Schule lernen

Wem beim Lesen nun schon der Kopf brummt, wird sich auf der ersten Lehrerkonferenz sicherlich noch fehlplatzierter fühlen und nicht mehr wissen, wovon geredet wird. Sie haben sich in den Ferien mit Ihrem Fach beschäftigt? Sie meinen, Sie kennen sich in der Schule aus? Weit gefehlt. Plötzlich prasseln Begriffe wie „rote Hefte", „Entenhefte", „Bausteine", „Wasserkisten" (in denen sich kein Trinkwasser befindet) auf Sie ein. Sie hören von Werkstätten, die in die Klassen hineingetragen werden sollen, und so weiter und so weiter. All das ist kein Hexenwerk, es handelt sich hier nur um die Bezeichnung bestimmter Dinge, die im Unterricht behandelt werden. In der Regel sind dies alles Materialien, die in der Schule gemeinschaftlich entwickelt worden sind und die nun von allen genutzt werden können. Solche Materialien sind in der Regel besser als viele allgemeine Unterrichtswerke, denn sie sind genau auf die Klientel an Ihrer Schule zugeschnitten. Schreiben Sie zumindest die Namen der Dinge auf, die Ihnen unklar sind. Machen Sie sich Stichpunkte dazu und recherchieren Sie dann zu Hause nach. Auch wenn Ihnen das komisch vorkommt, am Anfang hat man einfach viele Fragen, das ist ganz normal. Bleiben Dinge für Sie immer noch unklar, erfragen Sie diese spezifischen Dinge jeder Schule im Kollegium. Verteilen Sie die Fragen jedoch auf mehrere Personen, dann fühlen sich einzelne nicht davon überfordert und stecken Sie auch nicht in die Schublade „Die*Der weiß ja gar nichts".

Unterstützen der Arbeit in der Schule

Zu Beginn des Schuljahres werden noch eine Menge Ämter und Positionen vergeben. Dabei werden Vertreter*innen für die Konferenzen mit Elternvertreter*innen gesucht, es werden Lehrkräfte gesucht, die in den Fachkonferenzen (z. B. Mathe, Deutsch, Physik) vertreten sind. Weitere Lehrer*innen müssen bestimmte Aufgaben übernehmen. Es ist gut, wenn Sie sich einbringen, doch denken Sie als Neuling bitte auch daran, dass Sie noch eine Menge zu lernen haben. Jemand, der fünf, zehn oder 15 Jahre im Beruf ist, weiß, was er tun muss, und hat eine Ahnung davon, wie man Stunden aufbaut. Kurz gesagt, diese Personen haben einfach mehr Zeit. Natürlich sollen Sie sich engagieren, es hindert Sie auch niemand daran. Jedoch sollten Sie nicht gleich den Vorsitz in Ausschüssen übernehmen. Es verlangt auch niemand, dass Sie das tun. Dies würde Ihre Arbeit, die Sie noch nicht gewohnt sind, um ein Mehrfaches steigern. Also bieten Sie Ihre Hilfe und Mitarbeit an, um alle Abläufe und Routinen kennenzulernen. Nehmen Sie sich gleichzeitig am Anfang etwas zurück.

Lehrkräfte bringen Materialien selbst mit

Eine Sache ist im Hinblick auf Schule noch wichtig. Es handelt sich hier um eine öffentliche Einrichtung. In diesen Einrichtungen werden viele Materialien, die andere Arbeitgeber*innen zur Verfügung stellen, nicht zur Verfügung gestellt. Sie bringen eigene Stifte mit, Sie müssen zu einem Teil auch Bücher und andere Arbeitsmaterialien zahlen, Kaffee/Tee und Wasser werden nicht gestellt. So müssen Sie für diese Dinge selbst sorgen. Da Stifte nicht zum Schuleigentum gehören, sondern sich in der Regel in Privatbesitz befinden, sollten Sie darauf achten, nicht aus Versehen, Stifte der Kolleg*innen einzustecken. Gleiches gilt für Bücher und Materialien, die man Ihnen zur Verfügung stellt. Geben Sie diese zügig zurück. In vielen Schulen werden Wasser, Tee und Kaffee gemeinschaftlich angeschafft, wie oben schon erklärt wurde. Beteiligen Sie sich daran oder bringen Sie sich selbst etwas mit. Nutzen Sie auf keinen Fall etwas, ohne zu fragen, wer die Kosten trägt. Auch um das Abwaschen müssen sich die Kollegien in der Regel selbst kümmern. Gibt es eine Spülmaschine, muss diese ein- und ausgeräumt werden. Sich daran

Aller Anfang ist schwer

zu beteiligen, kostet nicht viel Zeit, ist nicht regelmäßig und zeigt, dass Sie sich in die Gemeinschaft einbringen.

Auch Kühlschränke stehen zur allgemeinen Verwendung zur Verfügung. Denken Sie daran, hier keine Lebensmittel lange, also bis über das Haltbarkeitsdatum hinaus, stehen zu lassen. Sollte es Ihnen doch passieren, dann entfernen sie diese Sachen zeitnah.

Stundenplan

Im Lehrer*innenzimmer, im Büro oder im Rektorat hängt meist ein großer Plan, an dem verschiedene Stecker angebracht sind und so anzeigen, wann Sie und alle anderen Lehrer*innen welche Stunde in welcher Klasse unterrichten. Es kann sein, dass dieser Plan an Ihrer Schule am Computer erstellt wird und auch an einem solchen angeschaut werden kann. Eventuell müssen Sie sich Ihren Plan aber wie die Schüler*innen abschreiben. Schauen Sie sich Ihren Plan gut an und überprüfen Sie, ob auch alles stimmt. Es kann immer mal zu Fehlern kommen. Rechnen Sie aber auch damit, dass Sie zusätzlich Stunden in Klassen geben müssen, die Sie nicht als primäre Lehrkraft unterrichten. Das können zum Beispiel Förderstunden sein. Seien Sie auch nicht überrascht, wenn zwei Lehrer*innen für ein Fach eingeteilt sind. In diesem Fall wird im Co-Teaching-Verfahren unterrichtet. Sprechen Sie sich in beiden Fällen mit den anderen Lehrkräften, die dieses Fach unterrichten, ab. Machen Sie gemeinsame Pläne und entscheiden Sie, wie zusammen unterrichtet und auch bewertet wird. Warten Sie nicht darauf, dass Sie angesprochen werden. Ergreifen Sie die Initiative. Fragen Sie nach einem Termin, an dem Sie sich austauschen können. Besteht sofort eine Möglichkeit für ein Treffen, nehmen Sie diese Gelegenheit wahr. Nun kann es sein, dass Ihnen Ihr Stundenplan nicht passt. Haben Sie zum Beispiel eine reduzierte Stundenzahl und müssen trotzdem jeden Morgen zur ersten Stunde kommen und bis zum Nachmittag bleiben, so ist das nicht gut geplant. Suchen Sie schnell ein zeitnahes Gespräch mit der Person, die für den Plan verantwortlich ist. Einige Freistunden sind durchaus zumutbar und können von Ihnen auch gut als Vorbereitungs-/Nachbereitungsstunden genutzt werden. Sie können sich in diesen Stunden mit der Schule vertraut machen sowie Stunden vor- und nacharbeiten. Es ist möglich, in dieser Zeit den Kopierer zu nutzen und sich mit den Kolleg*innen auszutauschen, die auch Freistunden haben. Die Zeit ist also keineswegs vertan, sondern Sie können die Arbeiten erledigen, die Sie sowieso erledigen müssen. Es stehen Ihnen Arbeitsplätze mit und ohne Computer zur Verfügung. Hier können Sie ungestört arbeiten und Vorbereitungen treffen. So ist ein Teil schon fertig, wenn Sie nach Hause kommen – vielleicht können Sie es sich so auch sparen, schwere Bücher und Hefte mitnehmen zu müssen.

Vertretungsplan

Während der Stundenplan für längere Zeit bindend ist, so ist der Vertretungsplan ein Plan, der auf spontane Veränderungen Rücksicht nimmt – eine Lehrkraft wird krank, hat eine Fortbildung oder fehlt aus anderen Gründen. In jedem Fall muss eine Vertretung für die Klasse geschaffen werden. Diese Stunden werden so früh wie möglich angegeben, in der Regel für die komplette kommende Woche. Für gewöhnlich werden Stunden, die kurzfristig umgeplant werden, in einer anderen Farbe dargestellt. Gewöhnen Sie sich an, dass Sie gleich als Erstes am Morgen einen Blick auf den Plan werfen und noch einmal, bevor sie gehen. So sind Sie immer auf dem aktuellen Stand. Das Thema Vertretung wird im Weiteren noch ausführlicher behandelt.

Krankheiten/Krankmeldungen

Auch Lehrer*innen werden krank. Es kann Ihnen sogar passieren, dass Sie zu Beginn der Schulzeit weit häufiger krank sind, als Sie es vorher waren. Das liegt in der Regel nicht an plötzlicher Mehrbelastung, sondern daran, dass Sie einfach verstärkt mit Keimen in Berührung kommen. Das ist gar nicht anders möglich. Eine erste Vorsichtsmaßnahme kann es für Sie sein, vor Antritt des Lehrauftrages Ihre*n Hausärztin*Hausarzt aufzusuchen. Erklären Sie Ihren Berufswechsel und lassen Sie Ihren Impfstatus überprüfen. Sollten Sie zum Beispiel keinen Schutz gegen sogenannte „Kinderkrankheiten" wie Masern,

Aller Anfang ist schwer

Mumps, Röteln oder Windpocken haben, dann ist jetzt der richtige Zeitpunkt, diese Impfungen nachzuholen, denn in der Schule können sich diese Viren tummeln. Für einen Erwachsenen sind diese Krankheiten oft noch extremer als für Kinder. Auch die letzte Tetanus-, Diphtherieauffrischung etc. sollten kontrolliert werden. Hat es Sie tatsächlich erwischt, melden Sie sich in der Schule so schnell wie möglich krank. Oft ist dafür eine Telefonnummer geschaltet oder Sie besitzen eine E-Mail-Adresse, an die Sie sich wenden können. Je eher und je klarer Sie Ihre Angaben machen, desto besser kann die Schule planen. Gehen Sie daher zeitnah zum Arzt oder zur Ärztin und fragen Sie, ob Sie ansteckend sein könnten und wie lange Sie zu Hause bleiben sollen. Haben Sie tatsächlich einen fiebrigen Infekt, dann kontaktieren Sie die Schule erneut und teilen der zuständigen Person Ihre voraussichtliche Fehlzeit mit. Sind Sie aber einen Tag krank, dann noch einen und schließlich einen dritten, an dem Sie dann erst zum*r Arzt*Ärztin gehen, zögert sich alles nur unnötig hinaus und die Schule kann nicht vorausschauend planen. Beachten Sie zusätzlich: Erfragen Sie bei Ihrer Schulleitung unbedingt die Fristen für die Einreichung der Krankmeldung. Beamt*innen müssen diese erst nach circa einer Woche vorlegen, angestellte Lehrkräfte bereits nach einigen Tagen. Dieses Vorgehen gestaltet sich in jedem Bundesland etwas an.

Kleidung

An deutschen Schulen herrscht keine Kleiderordnung. Das bedeutet, Sie dürfen anziehen, was Sie wollen – eigentlich. Doch Sie sollten trotzdem nicht alles tragen. Eine Schule ist keine Party, eine Schule ist keine Modenschau – die Schule ist Ihre Arbeitsstelle. Die Kleidung sollte angemessen sein. Dass Sie keine politischen Äußerungen durch die Kleidung, die Sie tragen, zum Ausdruck bringen, versteht sich von selbst. Jeans und T-Shirt zu tragen, ist völlig in Ordnung. Jeans, die jedoch oberhalb des Knies dicke Löcher aufweisen, sind dagegen tabu. Natürlich sollten Röcke (oder auch Hosen) nicht zu kurz sein, auch wenn es warm ist, und Sie sollten (außer, wenn Sie es tatsächlich tun) nicht aussehen, als würden Sie als Nächstes ins Schwimmbad gehen. Zu edel gekleidet sollten Sie jedoch auch nicht auftreten. Das eine wirkt ein wenig zu kumpelhaft und das andere ist zu abgehoben. Irgendwo dazwischen liegt die richtige Wahl. Denken Sie daran, dass die Kleidung praktisch sein und den Anforderungen eines Schultages standhalten muss. Stellen Sie sich vor, Ihre Schüler*innen sind Ihre Kunden. Passen Sie sich einerseits an, aber heben Sie sich gleichzeitig ein wenig ab. Schauen Sie im Lehrerzimmer einmal, was die Kolleg*innen tragen und orientieren Sie sich auch daran.

Vorbildfunktion

Als Lehrer*in haben Sie eine Vorbildfunktion. Sie müssen sich klarmachen, dass alles, was Sie tun, von 20 bis 30 Augenpaaren beobachtet wird. Werfen Sie Papier nicht in den Papierkorb, sondern daneben, dann kann das zwar in dem Moment cool wirken, doch die Schüler*innen nehme es auch als etwas, das erlaubt ist, auf. Sie müssen also all das tun, was „man" eigentlich immer erwartet. Müll sortieren, nicht rauchen (auf dem Schulgelände sowieso nicht, aber auch auf keinen Fall daneben und auf gar keinen Fall mit Schüler*innen zusammen)! Verlangen Sie von Ihrer Klasse Ordnung, so fangen Sie bei sich selbst an. Wollen Sie, dass Ihre Kinder ordentlich schreiben, dann schreiben Sie selbst lesbar und deutlich. Sind Sie laut, werden auch Ihre Schüler*innen nicht leise sein. Je beliebter Sie als Lehrkraft sind, desto größer ist die Verantwortung, die Sie tragen. Denken Sie daran, dass Sie auch außerhalb der Schule beobachtet werden. Gehen Sie nicht bei Rot über die Ampel, stellen Sie Ihr Radio im Auto nicht zu laut und denken Sie vor allem daran, nicht im Auto zu telefonieren oder Ihr Smartphone für andere Dinge zu nutzen, denn Sie werden gesehen. Natürlich haben Sie ein Recht auf ein Privatleben, doch es ist Ihren Schüler*innen egal, ob Sie unterrichten oder Freizeit haben. Wenn sie Sie sehen, dann sehen sie in Ihnen nur die Lehrperson.

Pünktlichkeit

Von Schüler*innen wird erwartet, dass Sie pünktlich sind. Auch hier sind die Lehrer*innen gefragt, dies den Kindern und Jugendlichen vorzuleben. Seien Sie ca. 15 bis 20 Minuten vor dem Beginn Ihres Dienstes in der Schule, und zwar nicht auf dem Parkplatz, sondern wirklich im Lehrerzimmer. Sie haben dann noch ausreichend Zeit zu überprüfen, ob Post für Sie da ist, Sie können einen Blick auf den Vertretungsplan werfen und Rücksprachen halten, wenn es notwendig ist. Vielleicht trinken Sie auch noch einen Kaffee – auf jeden Fall kommen Sie rechtzeitig in Ihrem Klassenzimmer an. Wenn Sie pünktlich anfangen, so können Sie auch (zur Freude der Schüler*innen) pünktlich Schluss machen. Denken Sie auch daran, dass Sie zu den Stunden pünktlich kommen, egal, wie interessant es im Lehrerzimmer in der Pause war, wie weit der nächste Klassenraum entfernt ist oder ob Sie noch etwas kopieren müssen. Entwickeln Sie von Anfang an eine Routine, dann kommen Sie nicht zu spät.

Pausenaufsichten

Jede Lehrkraft muss gewisse Aufsichten übernehmen: vor dem Unterricht, nach dem Unterricht, während der Hofpausen und an der Bushaltestelle. Nehmen Sie diese Aufsichten immer pflichtbewusst wahr. Wenn es Gründe gibt (z. B. die Aufsicht bei einer Klassenarbeit), die Sie voraussichtlich davon abhalten werden, diese Aufsicht zu übernehmen, dann suchen Sie sich frühzeitig eine*n Tauschpartner*in.

Erste Hilfe

Als Lehrer*in dürfen Sie keine Medikamente verabreichen, sie dürfen selbstverständlich keine Diagnosen stellen und Sie müssen fachlichen Rat einholen. Da Sie jedoch sicherlich nicht bei jedem Kratzer einen Krankenwagen rufen möchten, ist es ratsam, dass Sie einen Erste-Hilfe-Kurs besuchen. In manchen Bundesländern ist das auch Teil der Weiterbildungsmaßnahme oder Ihre Schule bietet in regelmäßigen Abständen spezielle Kurse an. Informieren Sie sich bei der Schulleitung darüber.

Freundschaften

Schüler*innen sind Ihre Kunden, nicht Ihre Freunde. Das bedeutet nicht, dass Sie zusammen keine interessanten Sachen machen dürfen, aber denken Sie daran, einen gewissen Abstand zu halten und möglichst immer viele Schüler*innen einzubeziehen. Laden Sie also nicht einzelne Schüler*innen zu sich nach Hause ein, sondern entweder alle nacheinander oder gleichzeitig. Sie können auch nicht zulassen, dass einzelne Schüler*innen Sie duzen. Schließen Sie auch nicht einfach so Freundschaften mit Eltern, egal, ob Sie gemeinsame Hobbys haben oder nicht. Alle diese Dinge können Ihnen als Bevorzugung Einzelner ausgelegt werden. Das sollten Sie möglichst vermeiden. Nun kann es jedoch passieren, dass Sie Kinder von Freunden, Schulfreunden, Verwandten in der Klasse haben. Solange die Kinder Sie nicht wirklich kennen, ist das kein Problem. Haben Sie zu den Schülern*innen ein enges Verhältnis, dann achten Sie darauf, dass Sie diese auf keinen Fall bevorzugen.

Du oder Sie?

Es kommt auf das Kollegium an. Fangen Sie immer mit Sie an. Man wird Ihnen das Du anbieten, oder auch nicht. Lehrer*innen sind oft zurückhaltend im Umgang mit neuen Kolleg*innen. Wenn Sie sich besser kennenlernen, werden Sie sich sicherlich mit einigen Kolleg*innen duzen und gute Beziehungen aufbauen.

Weitere Informationen für Sie

Das sind ziemlich viele Sachen, die sie schon vor der ersten Unterrichtsstunde in Erfahrung bringen und an die Sie denken müssen. Beschäftigen Sie sich mit allen, denn das spart Ihnen viel Zeit und auch manchen Ärger. Manche Tipps und Hinweise kommen Ihnen vielleicht am Anfang komisch oder überflüssig vor, doch Sie werden im Laufe des Schuljahres merken, dass das meiste davon wichtig ist.
Suchen Sie weitere Informationen hierzu?
B. Elsner, S. Schmidt: Ratgeber Referendariat, Auer Verlag, Augsburg, 3. Auflage, 2017.

 Planung ist alles

Planung ist alles

Wie wird so ein Unterricht eigentlich aufgebaut und welche Arbeitsformen gibt es?

Schulbücher bieten eine gute Planung für den Unterricht an, warum kann man die Seiten nicht einfach durch die Anzahl der Tage teilen und fertig? Die Antwort ist recht einfach. Natürlich steht in den Büchern all das, was im Unterricht behandelt werden soll. Doch wenn die Schüler*innen nur aus den Büchern lernen, dann können zwar alle im eigenen Tempo arbeiten, aber es ist langweilig und nicht sehr effektiv. Nur ein Teil der Schüler*innen kann durch reines Lesen und Selbsterarbeiten etwas lernen, andere benötigen andere Lernzugänge. Es gibt verschiedene Lerntypen, die unterschiedlich lernen und das alles kann ein Buch allein nicht leisten. Zusätzlich soll die Klasse zu einem Team werden, erfahren, wie man zusammenarbeitet und sich in Gruppen verhält.

Unterricht braucht deshalb genaue Planung. Jeder kann sich mit Sicherheit an eine Lehrkraft erinnern, die unvorbereitet in den Unterricht gekommen ist. Diese vermittelt einen unsicheren und planlosen Eindruck, das kommt gar nicht gut an. Deshalb sollten Sie sich, gerade in der Anfangszeit, unbedingt bestmöglich vorbereiten. Sie werden merken, dass der Unterricht viel besser läuft, wenn die geplanten Schritte im Unterricht gut durchdacht sind, sie genau wissen, was Sie tun, die Materialien gut vorbereitet sind. Sie werden die Schüler*innen so von sich überzeugen und die Klasse besser im Griff haben. Das ist besonders am Anfang absolut wichtig.

Folgende Planungen stehen z. B. an:
- Jahresplanung
- Planung der Einheiten
- Stundenplanung, Materialsichtung
- Stundenplanung, Materialerstellung
- Stundenplanung, Einteilung in die einzelnen Phasen
- Erstellung eines Verlaufsplanes für den schulischen Alltag
- Erstellung eines großen Entwurfs für Unterrichtsbesuche

Jahresplanung

Vielleicht bietet es sich an, dass Sie mit einer Lehrkraft zusammen planen, die eine Parallelklasse unterrichtet. Das würde Ihnen zu Beginn eine Menge Arbeit ersparen und Sicherheit geben. Sie benötigen folgende Materialien für die Jahresplanung: einen Kalender mit den Terminen der Schule (soweit schon bekannt), den Lehrplan für Ihr Fach und das Buch, mit dem Sie unterrichten sollen. Der Kalender sollte ein ganzes Schuljahr abdecken und möglichst auf eine Seite passen.

Tragen Sie zunächst alle Ferien und Feiertage ein. Übrig bleiben all die Tage, an denen Unterricht stattfindet. Als Nächstes schauen Sie sich die Inhalte des Faches an, die nach dem Lehrplan gefordert sind. Daraus „basteln" Sie sich acht bis zehn Einheiten. Erst einmal reichen die Überschriften. Unter den Überschriften werden dann mehrere Themen eingeordnet. So ist es in manchen Fächern einfacher, denn hier wird der Stoff aufeinander aufgebaut. In den Sprachen hingegen müssen mehrere Bereiche gleichzeitig geschult werden: Lesen, Schreiben, Rechtschreibung, Grammatik, Aufsatzerziehung und so weiter. Hier müssen mehrere Bereiche unter verschiedenen Themen zusammengebracht werden. Es ist erst ausreichend, wenn Sie zu den Themen die Unterthemen hinzufügen. Überprüfen Sie mit dem Schulbuch und dem Bildungsplan, ob Sie alle Themen richtig eingesetzt haben.

Welche Bereiche wollen Sie nun mit dem Buch erklären, welche mit anderen Medien? Machen Sie sich ein paar Gedanken darüber und schreiben Sie sich die Gedanken als Notizen auf. Vielleicht kommt Ihnen bei dieser Grobplanung schon die ein oder andere Idee, die Sie später wieder vergessen könnten.

Planen Sie, wie viele Stunden Sie für jede Einheit brauchen. Planen Sie auch längere freie Zeiten mit ein, so haben Sie einen Puffer, wenn Einheiten länger dauern. Es ist ungeschickt, eine Einheit über die Ferien laufen zu lassen. Manchmal gibt es keinen anderen Weg, doch grundsätzlich müssen Sie davon ausgehen, dass die Schüler*innen Dinge vergessen und es dann viel Mühe macht, den Faden wieder aufzunehmen. In dieser Jahresplanung sollten auch Leistungsüberprüfungen vorgesehen sein. Denken Sie daran, diese frühzeitig mit den Kolleg*innen abzusprechen. In manchen Bundesländern gibt es Begrenzungen, aber auch wenn es keine gibt, ist es doch unfair und wenig produktiv, wenn eine Klasse die Mathe-, Deutsch- und Englischarbeiten in einer Woche schreiben müsste. Kommt dann noch ein Test hinzu oder sind sogar ein Test und eine Arbeit an einem Tag eingeplant, so ist das für schwächere Schüler*innen sehr schwierig.

Planung der Einheit

Die Planung der Einheit ist wesentlich strukturierter und engmaschiger. Machen Sie sich zunächst einmal Gedanken darüber, welchen Lernzuwachs die Schüler*innen nach dieser Arbeit haben sollen. Was können sie danach besser als vorher. Das klingt zunächst sehr simpel, ist es aber gar nicht. Wir lernen auf verschiedenen Ebenen und alle Bereiche sollen und müssen im Unterricht eingeplant werden. Es geht nicht mehr nur um die reine Wissensvermittlung, sondern darum, die Lernenden in vielen Bereichen zu stärken und ihnen nebenbei Wissen zu vermitteln.

Anschließend überlegen Sie, was Sie in den einzelnen Stunden tun, welche Materialien Sie dafür benötigen, welche Arbeitsblätter Sie erstellen wollen und so weiter.

Die Planung der Einheit sollten Sie zwei bis drei Wochen vor dem Beginn der Einheit abgeschlossen haben. Beginnen Sie gleich damit, Materialien zu beschaffen. Wenn Sie dies regelmäßig tun, merken Sie, dass dies die Arbeit erleichtert.

Die Kompetenzen im Blick:
- Selbstkompetenz
- Medienkompetenz
- Sozialkompetenz
- Sachkompetenz
- Methodenkompetenz

Der*Die Lehrende hat also nicht nur die Aufgabe, den Lernenden den Stoff zu vermitteln, sondern muss dabei noch viele andere Bereiche ansprechen.

Die Sachkompetenz ist dabei recht schnell und einfach erklärt, am besten an einem Beispiel (Schreibung von das und dass): Hier geht es um das Wissen um den Unterrichtsgegenstand. Einfach ausgedrückt heißt das, dass die Schüler*innen wissen, dass es zwei Schreibweisen gibt, die akustisch nicht differenziert werden. Sie erfahren, dass die beiden Schreibweisen jeweils unterschiedliche grammatische Bedeutungen haben. Sie erkennen, wann welche Schreibweise genutzt wird. Sie kennen die grammatischen Regeln. Sie wissen, wie sie eine Eselsbrücke anwenden können und können das/dass in einen Lückentext einsetzen. Sie sind in der Lage, diese Regel beim freien Schreiben zu befolgen. Die Ziele in der Sachkompetenz sind hier immer weiter gesteigert worden und können im differenzierten Unterricht auch für differenzierte Gruppen eingesetzt werden. Doch dazu später mehr.

Die Medienkompetenz gehört nicht zu den klassischen Kompetenzen, die 2004 unter anderem von Claudia Solzbacher zusammengefasst wurden, ist aber zunehmend wichtig. Unter Medienkompetenz versteht man das Anbahnen, Trainieren und Festigen von Fertigkeiten und Fähigkeiten, die im Umgang mit verschiedenen Medien benötigt werden. Medien im schulischen Kontext sind Zeitungen, Zeitschriften, Fernsehsendungen, aber zunehmend auch digitale Medien wie Social Media, Tablet oder Podcasts. Die Schüler*innen sollen nach und nach in der Lage sein, Medien zu nutzen und verantwortungsvoll mit ihnen umzugehen.

Eine wichtige Kompetenz im Rahmen der Schule ist die Sozialkompetenz. Sie leiten die Schüler*innen an, wie sie sich richtig verhalten, in der Gruppe miteinander umgehen, das eigene und fremde Verhalten reflektieren und mit Emotionen umgehen. Sie tun dies durch Unterrichtsinhalte, gemeinsame Vereinbarung von Regeln und das eigene Vorleben.

Planung ist alles

Methodenkompetenzen bahnen die Kinder an, wenn sie erfahren, dass sie auf verschiedene Art und Weise lernen können. Das geht durch Zuhören, Lesen, Begreifen, Aufmalen oder Aufschreiben und so weiter. Es bieten sich vielfältige Möglichkeiten. Je mehr verschiedene Methoden die Schüler*innen im Unterricht kennenlernen, desto kompetenter werden sie. Die Anwendung verschiedener Methoden hat auch einen weiteren positiven Effekt: Der Unterricht wird abwechslungsreicher. Das bedeutet nicht, dass alle fünf Minuten etwas Neues begonnen werden muss, sondern dass eine Methode in die andere übergeht und so zu einem runden Ergebnis führen kann. Methoden, die Sie anwenden, können ganz unterschiedlich sein und weit über das hinausgehen, was Sie in Ihrer Schulzeit kennengelernt haben. So muss eine Gruppenarbeit nicht zwingend ein Plakat als Ergebnis haben, es kann auch ein Film, ein Interview, ein Schauspiel, ein Handout, eine PowerPoint®-Präsentation usw. sein. Kleine aufgabendifferenzierte Gruppenprozesse müssen nicht vor der Klasse ausgetauscht werden, sondern können in Kugellagern oder Gruppenpuzzeln diskutiert werden. Beim Kugellager stellen sich Schüler*innen in zwei Kreisen auf, sodass immer ein innen stehendes Kind einer Person aus dem Außenkreis, mit dem er redet, gegenübersteht. Man tauscht sich kurz aus und dann dreht sich der Innenkreis weiter. Beim Gruppenpuzzle werden gleich große Gruppen gebildet und ein Sachverhalt erarbeitet. Nach Abschluss der Erarbeitung werden dann neue Gruppen gebildet, in der aus jeder anderen Gruppe eine Person vertreten ist. Gemeinsam tauscht man sich dann aus. Seien Sie kreativ und erschaffen Sie neue Situationen, in denen man sich etwas erzählen muss. Bauen Sie bspw. imaginäre Zugabteile auf, in denen man sich treffen muss und Unterhaltungen führt.

Die letzte Kompetenz ist die Selbstkompetenz. Diese wurde 1971 von dem Erziehungswissenschaftler Heinrich Roth festgelegt und von der Kultusministerkonferenz beschrieben. Die Persönlichkeit wird durch diese Kompetenz geformt, um spätere Anforderungen in Familie, Beruf und öffentlichem Leben bestehen zu können. Eigenschaften wie Kritikfähigkeit, Selbstständigkeit, Selbstvertrauen, Zuverlässigkeit, Verantwortungs- und Pflichtbewusstsein sollen entwickelt werden. Das muss natürlich nicht alles in einer Stunde passieren und bei genauer Betrachtung sind dies genau die Eigenschaften, die ein Kind vom Erwachsenen trennen und die im Laufe des Prozesses des Erwachsenwerdens erworben werden müssen. Dabei sollen Sie unterstützend einwirken. Die Schüler*innen sollen also lernen, mehr und mehr Verantwortung für ihr Tun und Handeln zu übernehmen.

Aus all diesen Kompetenzen suchen Sie mehrere Kompetenzen aus, von denen Sie meinen, dass die Schüler*innen sie im Laufe der Einheit erwerben werden. Denken Sie daran, dass alles immer aufeinander aufbaut, daher muss nicht alles in einer Einheit erlernt werden. So kann zum Beispiel eine Selbstkompetenz sein, dass die Schüler*innen lernen, ein Inhaltsverzeichnis anzulegen. Danach üben sie, weitere Seiten in dieses Verzeichnis einzuordnen. Anschließend können die Kinder damit umgehen. An diesem Beispiel wird deutlich, dass die Kompetenzen auch ineinander übergehen können. Lernt jemand, wie er sich selbst ein Inhaltsverzeichnis in einem Ordner anlegt, dann ist er auch in der Lage, ein solches Inhaltsverzeichnis zu verstehen, wenn jemand dies angelegt hat. Dies würde dann ebenso den Bereich der Medienkompetenz abdecken. Ein anderes Beispiel ist das Führen einer Unterhaltung in der Muttersprache oder einer Fremdsprache. Zum einen handelt es sich dabei um die soziale Kompetenz, eine Unterhaltung zu führen, aber natürlich üben die Schüler*innen auch gleichzeitig ein, Sätze zu formulieren. Dann unterhalten sie sich über ein Thema und auch dieses Thema kann Teil einer Kompetenz sein.

Wochenplanung

Planen Sie ein paar Tage vor dem Start in die kommende Woche (Mittwoch oder Donnerstag), was Sie in welcher Stunde machen möchten. Haben Sie alle Materialien? Haben die Schüler*innen alle Materialien, die sie brauchen? Weisen Sie die Klasse darauf hin. Berücksichtigen Sie auch Tests, Klassenarbeiten und Hausaufgaben, die Sie korrigieren wollen. Haben Sie mehrere an einem Tag, so kann das schnell zu einer Überlastung für Sie führen. Legen Sie das lieber um, sodass es für Sie passt.

Planung ist alles

Tagesplanung

Planen Sie Ihren Tag noch einmal am Vortag. Haben Sie wirklich alle Materialien, sind die Kopien fertig und haben die Schüler*innen alles, was sie brauchen? Wenn Sie vorher gut geplant haben, dann ist dies nur noch ein letzter Check-up. Prüfen Sie noch einmal, ob die Schüler*innen die geplanten Kompetenzen erwerben oder schulen können. Sie sind sich hier unsicher? Passen Sie entweder den Unterricht an oder die Kompetenzen.

Stundenplanung

Diese Planung ist sehr intensiv. Hier planen Sie den Ablauf der einzelnen Stunden. Es gibt die große Planung, die Sie abgeben müssen, wenn Sie Unterrichtsbesuche bekommen, und die einfache Planung, die Sie sich zu jeder Stunde machen sollten. Auch wenn es viel Arbeit ist, machen Sie sich in der Anfangszeit die Mühe und planen Sie Ihre ersten Stunden wirklich komplett durch. Vieles von dem, was Sie in der ganzen Planung zusammentragen, können Sie in den folgenden Stunden einfach verändern und so weiterverwenden.

Die endgültige Stundenplanung steht vor der Tagesplanung. Hier werden die nächsten Stunden im Ablauf durchgeplant. Das klappt am besten in einer Tabelle, die ungefähr so aussehen kann – je nach Betreuungsperson kann diese variieren:

Zeit	Phase	Lehrkraftaktivität	Schüler*innenaktivität	Sozialform	Medien

Lehrkraft- und Schüler*innenaktivität können auch unter Lehr-Lernaktivität zusammengefasst sein, Medien können Materialien heißen, Zeit kann wegfallen oder durch Dauer ersetzt werden usw. Viel wichtiger ist es, dass Sie eine solche Planung überhaupt machen. Das zwingt Sie dazu, sich Stunden zu überlegen, die aus folgenden Phasen aufgebaut sind: Begrüßung – Hinführung/Problemstellung – Erarbeitung – Vertiefung – Abschluss. Legen Sie sich diesen Plan auch in den ersten Stunden gut sichtbar auf den Tisch, schreiben Sie sich wirklich die Zeiten dazu, damit Sie merken, wenn Sie aus dem Plan laufen. Oft dauern Aktivitäten viel länger als geplant – doch es ist genauso erschreckend, wenn am Ende der Planung noch sehr viel Zeit übrig ist. Sie bekommen jedoch nur ein Gefühl dafür, wenn Sie sich selbst kontrollieren. Schreiben Sie sich das gleich in den Plan hinein. Notieren Sie sich auch kurze Anfänge von Begrüßungen. Wie wollen Sie in das Thema hineinführen? Nennen Sie einfach so die Aufgabenstellung oder haben Sie eine Einleitung zum Thema? Stellen Sie den Schüler*innen eine Frage und warten auf ihre Antwort oder bringen Sie etwas als stillen Impuls mit in das Klassenzimmer? Schreiben Sie sich diese Fragen auf. Beantworten Sie auch diese Fragen für sich selbst. Versuchen Sie diese auf zwei Ebenen zu ergründen. Zuerst muss die Antwortmöglichkeit geklärt werden. Kann man auf diese Frage mit Ja oder Nein antworten? Ja – dann ist die Frage für ein Unterrichtsgespräch ungeeignet. Sie lässt keinen Raum für Diskussionen und bietet sich höchstens für eine Abfrage an. Und eigentlich noch nicht einmal da, denn hier besteht selbst beim Raten eine 50-prozentige Chance auf die richtige Antwort. Schreiben Sie sich offene Fragen auf, die eben nicht mit Ja oder Nein zu beantworten sind. Dies ist sowohl für Sie als auch für die Schüler*innen interessanter und vor allem lernen diese dabei mehr, denn sie denken nach. Bei einfachen Ja-Nein-Fragen tun sie das eher weniger. Sobald diese beantwortet ist, ergibt sich auch keine neue Frage daraus. Fragt man zum Beispiel, ob die Sonne scheint, dann kann mit Ja oder Nein geantwortet werden. Lautet die Frage aber stattdessen, wie das Wetter ist, so schauen alle nach draußen und versuchen, das, was sie sehen, in Worte zu fassen. Sagt jemand, dass die Sonne scheint, kann eine Person ergänzen, dass auch Wolken zu sehen sind, was dann zu der Frage führen kann, ob Wolken auch bei sonnigem Himmel zu sehen sind.

Planung ist alles

Sachanalyse

Beginnen Sie zunächst einmal damit, eine Sachanalyse durchzuführen. Womit sollen sich die Kinder in dieser Stunde beschäftigen? Was sollen sie darüber wissen und welches Vorwissen setzen Sie voraus? Gleichzeitig sollten Sie mehr über diesen Unterrichtsgegenstand wissen, als die Schüler*innen es am Ende müssen. Um sich dazu zu zwingen, dies wirklich zu tun, schreiben Sie hierzu Fachwissen auf und brechen es auf das Niveau der Schüler*innen herunter. Kommt Ihnen selbst etwas komisch vor, so lesen Sie es nach. Überlegen Sie sich auch, welche Fragen die Schüler*innen haben könnten und denken Sie daran: Je interessanter Sie das Thema darstellen, desto mehr Fragen werden die Schüler*innen stellen, da sie selbst weiter in die Materie eintauchen möchten. Das, was Sie nun geschrieben haben, ist die Sachanalyse.

Ihre Lerngruppe

Dem folgt die Darstellung der Lerngruppe. Wer soll unterrichtet werden? Beschreiben Sie alles, was Sie über diese Klasse wissen. Wie sieht das Verhältnis zwischen Jungen und Mädchen aus? Geben Sie auch alles an, was Sie über die Lernbereitschaft der Klasse wissen. Das beinhaltet, dass Sie wirklich genau aufschreiben, was die Schüler*innen können – natürlich nur Dinge, die wichtig sind für die Stunde. Dabei können Sie Namen nennen, das gilt auch für Unterrichtsbesuche. Hier bekommen die prüfenden Personen sowieso das Lernverhalten in der Klasse mit und sind ebenfalls zum Datenschutz verpflichtet. Geben Sie den Entwurf aus der Hand, also an Personen, die nicht Ihren Unterricht besuchen, so anonymisieren Sie die Namen. Aus Max, Felix und Umut werden Junge1, Junge2 und Junge3. Hat ein Kind gesundheitliche Probleme, die Einfluss auf den Unterricht haben könnten, schreiben Sie dies auf. Egal, was es ist. Zum Beispiel muss auf Dennis im Sportunterricht besonders aufgepasst werden, da er Bluter ist. Oder Miriam hat Diabetes und ist noch nicht richtig eingestellt, darum muss sie regelmäßig beobachtet werden. Stehen solche Sachverhalte im Unterrichtsentwurf, so versteht jeder, dass Sie sich um das eine Kind mehr kümmern oder eben besonders nachfragen, ob es ihm gut geht. Schreiben Sie auch in diesen Entwurf hinein, wenn ein Kind eine Lese-Rechtschreib-Schwäche hat, denn auch diese kann den Unterrichtsfluss beeinflussen. Doch auch noch etwas anderes beeinflusst die Lerngruppe und das sind Sie. Stellen Sie auch Ihr eigenes Verhältnis zur Lerngruppe kurz dar. Seit wann unterrichten Sie in der Klasse und haben sie ein anderes Verhältnis zu den Kindern, als das bei anderen Lehrkräften der Fall ist (was unterrichten Sie noch in der Klasse, sind Sie die Klassenleitung usw.). Das ist wichtig, denn wenn Sie zum Beispiel ein einstündiges Fach unterrichten, so sind Sie und die Kinder eben nicht so ein eingespieltes Team, wie Sie es wären, wenn Sie die Klassenleitung wären und neben Englisch noch Sport unterrichten würden.

Didaktische Analyse

Nachdem Sie nun dargestellt haben, was unterrichtet werden soll und wer unterrichtet wird, muss nun dargestellt werden, warum Sie wann welchen Schritt unternehmen. Erklären Sie, was Sie zur Einleitung der Stunde machen werden. Wie leiten Sie dann in die Erarbeitungsphase über und wie sichern Sie das Ergebnis. Denken Sie sich außerdem einen Abschluss aus, mit dem Sie die Stunde beenden. Sie müssen sich auch in jeder Phase überlegen, was genau gemacht wird. Es reicht nicht aus, zu schreiben, dass im Buch Seite 30 bearbeitet wird. Warum haben Sie genau diese Aufgabe ausgewählt? Dient sie zur Wiederholung, dient sie der Erarbeitung und gäbe es noch eine andere Möglichkeit? Setzen Sie sich mit ihr auseinander und erklären Sie, was Ihrer Meinung nach an der gewählten Aufgabe besser ist. Sie sollten auch immer Alternativen in Hinblick auf das Ende im Kopf haben. Schreiben Sie außerdem auf, welche Arbeitsform gewählt werden soll. Tragen Sie etwas vor oder führen Sie ein Klassengespräch? Selbstverständlich können Sie Kinder allein arbeiten lassen oder in Zusammenarbeit zu zweit, vielleicht bietet sich auch eine Arbeit in der Gruppe an. Wie auch immer, Sie müssen die Sozialform betiteln. Nach Hilbert Meyer gibt es vier davon: Alles, was nach vorne in die Klasse orientiert passiert und lehrerzentriert ist, wird als *Klassenunterricht* oder *Frontalunterricht* bezeichnet. Darunter fallen Unterrichtsgespräche, der

Kinositz oder ein Lehrervortrag. Arbeiten alle Schüler*innen für sich, dann ist das *Einzelarbeit*, mit einem anderen Kind zusammen ist es *Partnerarbeit* und wenn mehrere Schüler*innen im Team etwas machen, so handelt es sich um *Gruppenarbeit*. Versuchen Sie nicht, diese Sozialformen durch andere Wörter zu verschönern. Es muss ein gemeinsamer Einstieg und auch ein gemeinsamer Abschluss gefunden werden, deren Verlauf genau beschrieben und begründet wird. Auch kann ein Lehrervortrag zwischendurch sehr interessant sein, wenn er interessant gemacht ist.

Frontalunterricht

Frontalunterricht kann in verschiedenen Phasen stattfinden, auch bei der Begrüßung. Sagen Sie nicht einfach beim Reingehen nebenbei „Guten Morgen" und erwarten dann, dass die Schüler*innen reagieren. Das tun sie nicht. Das würden Sie, ganz ehrlich, auch nicht tun. Es gibt zwei Möglichkeiten. Sind die Schüler*innen in der Klasse und Sie kommen dazu, dann sollten Sie sich nach vorne stellen, warten, bis es ruhig ist, und alle gemeinsam begrüßen. Es kann sein, dass das nicht auf Anhieb klappt. Vielleicht dauert es ein wenig, bis alle leise sind. Doch bestehen Sie auf einen durch Sie gelenkten Anfang. Das zeigt, dass Sie die Stunde leiten. Bleiben Sie ruhig, warten Sie, wenn es nicht klappt. Wenn Sie gemeinsam in die Klasse gehen, dann können Sie die Schüler*innen auch individuell an der Tür begrüßen. Besonders bei Jüngeren ist dies sehr effektiv. Sie können kurz mit jedem Kind reden. Egal, wie Sie es machen, Sie sind derjenige, der die Klasse leitet. Auch eine gemeinsame Verabschiedung bzw. ein Schluss der Stunde, wenn Sie danach eine weitere gemeinsame Stunde haben, ist notwendig. Niemand außer Ihnen beendet die Stunde, es sei denn, es ist Feueralarm, aber auch dann müssen Sie leiten. Liegen Beginn und Ende der Stunde in Ihrer Hand, so zeigt dies viel deutlicher, dass Sie diese Stunde verantwortlich führen. Einen Frontalunterricht können Sie auflockern. Es bedeutet nicht, dass Sie vorne stehen, etwas sagen und die Schüler*innen es hinschreiben. Sind es kurze Sequenzen, die Sie mitteilen möchten, dann ist natürlich die nach vorne gerichtete Arbeitsform effektiv. Bei längeren Gesprächen ist es sinnvoll, dass sich alle anschauen können. Bietet die Sitzordnung die Möglichkeit dazu (z. B. U-Form), so ist das von Anfang an gegeben. An Gruppentischen oder bei einer nach vorn gerichteten Sitzordnung sollte eine schnelle Lösung geschaffen werden, die es erlaubt, ein Gespräch zu führen. Grundschüler*innen können schnell auf einen Teppich gesetzt werden und sich alle gemeinsam sehen und miteinander reden. Ein bisschen mehr Übung braucht der Stuhlkreis – auch noch bei älteren Kindern. Da kommt es schon mal zu Schubsereien. Lassen Sie zunächst nur kleine Gruppen von Schüler*innen aufstehen und den Kreis bilden. Anschließend kommen immer weitere dazu. Wenn es klappt, können Sie die Schüler*innen immer freier den Kreis bilden lassen. Interessant ist auch der Kinositz. Hier wird der Raum eines jeden minimiert. Alle kommen mit ihren Stühlen nach vorn und schauen auf einen bestimmten Punkt. Dies ist zwar immer noch frontal, doch ist die Aufmerksamkeit hier zentrierter. Im Kinositz kann etwas gezeigt (Film, Experiment, Vorführung) werden. Diese Phase sollte zehn Minuten nicht überschreiten. Unterscheiden Sie beim Frontalunterricht zwischen lehrerzentriert und schülerzentriert. Und genau hierin liegt die eigentliche Gefahr des Frontalunterrichts. Denken wir an eine Mathematik-, Geschichts- oder auch eine Physiklehrkraft. Jeder hat solche Stunden erlebt und diese Fächer sind besonders anfällig dafür. Die Lehrkraft steht vorne und erzählt, macht vor oder schreibt an die Tafel. Irgendwann wird auch das aufmerksamste Kind abschalten und sich mit etwas anderem beschäftigen, im besten Fall nur gedanklich. Lassen Sie die Schüler*innen so viel selbst machen wie möglich. Wechseln Sie Medien ab, zeigen Sie kurze Filme, die zum Thema passen (keine Spielfilme, es sei denn, Sie haben mit der Klasse gerade ein Buch gelesen), verlagern Sie die Aufmerksamkeit von vorne nach hinten, von rechts nach links und hüten Sie sich davor, minutenlang etwas an der Tafel zu fixieren, auf dem OHP zu schreiben oder auch eine PowerPoint® abzuspielen und diese dabei nur vorzulesen. Lassen Sie Schüler*innen schreiben, denn einerseits müssen sie dann nachdenken und sich andererseits auch bewegen. Lassen Sie die Kinder aufstehen und Dinge, die Sie an den Wänden aufhängen, lesen, sich Stichworte machen. Gönnen Sie sich im Unterricht Ruhe und lassen Sie die Schüler*innen arbeiten. Je weniger Sprechanteil, je weniger Aktionsanteil Sie haben, desto besser – Sie müssen nur präsent sein und im richtigen Moment die Aufmerksamkeit wieder auf sich ziehen.

Planung ist alles

Einzelunterricht

Diese Unterrichtsform ist schnell erklärt. Ein einzelnes Kind beschäftigt sich mit etwas. Es arbeitet eigenständig, vielleicht mit Hilfsmitteln oder Medien (Buch, Heft, Taschenrechner, Computer …). In der Phase, in der jeder allein arbeitet, sind Sie extrem gefordert. Erst einmal bietet Ihnen diese Phase die Möglichkeit, Ihre Klasse zu beobachten. Wie arbeitet sie, welche Hilfen nutzt sie und wie verhält sie sich. Bieten Sie Hilfestellungen an. Das bedeutet, wenn Schüler*innen Fragen haben, können Sie entweder zu ihnen gehen, wenn die Schüler*innen sich gemeldet haben, oder Sie bieten ihnen die Möglichkeit, zu Ihnen ans Pult zu kommen. Beides ist möglich. Wenn Sie herumgehen, sind Sie die einzige Person im Raum, die sich bewegt, und es wird ruhiger. Aber Sie müssen darauf achten, in welcher Reihenfolge die Meldungen kommen, damit Sie diese einhalten können. Können Sie das nicht, so kann es zu Unruhe kommen. Stellen sich die Schüler*innen bei Ihnen an, müssen Sie sich die Reihenfolge nicht merken und verlieren keine Zeit beim Herumgehen. Allerdings kann es zu Unruhe in der Warteschlange kommen. Außerdem können Schüler*innen, die durch die Klasse gehen, auch Unruhe erzeugen. Probieren Sie aus, womit Sie besser klarkommen. Ergebnisse aus der Einzelarbeit müssen von Ihnen eine Würdigung erhalten. Schauen Sie sich an, was die Kinder gemacht haben und geben Sie zeitnah Hinweise zum Lernverlauf. Sie können auch in der Klasse gemeinsam Ergebnisse kontrollieren. Wichtiger als die Kontrolle ist jedoch, dass die Ergebnisse auch tatsächlich verbessert werden, und noch wichtiger ist es, dass die Schüler*innen, die es bisher nicht verstanden haben, verstehen, wie es richtig zu machen ist.

Diese Phasen der Einzelarbeit müssen altersangepasst immer länger werden. Jüngere Schüler*innen können in der Regel nicht so lange allein konzentriert arbeiten wie ältere. Etwas Wichtiges, das die Schüler*innen von Anfang an lernen sollen, ist es, Fragen zu stellen. Egal, woran man arbeitet, man muss sich mit anderen austauschen und von anderen lernen. Jemand, der nicht weiß, wo er anfangen soll, und keine Frage stellen kann, der weiß nicht, worum es geht, der kann nicht beginnen. Entweder ist in diesem Fall die Aufgabe so falsch gestellt, dass es einfach zu schwer ist, oder die Person hat nie gelernt, sich selbst eine Aufgabe in kleine Schritte zu unterteilen. Eine Einzelarbeit muss nicht im Frontalunterricht gelöst werden, sie kann auch in der Partner- oder der Gruppenarbeit weiterbearbeitet werden.

Partner*innenunterricht

Hier arbeiten zwei Personen zusammen und partizipieren voneinander. Sie können in der Partnerarbeit Aufgaben vergeben, bei denen die Aufgaben klar definiert sind, oder welche, in denen die Aufgaben verteilt werden müssen. Sie können die Paare vorgeben, die Wahl dem Zufall überlassen oder den Schüler*innen. Achten Sie aber darauf, dass nicht immer nette und freundliche Kinder mit den größten „Störenfrieden" der Klasse zusammenarbeiten müssen. Gerade gute und ruhige Schüler*innen sollten dafür belohnt werden, dass sie gut mitmachen und nicht ständig mit Partner*innen bestraft werden, mit denen sie nicht arbeiten können.

Gruppenarbeit

Gruppenarbeiten können ganz unterschiedlich aussehen. Beginnen Sie damit, zu entscheiden, ob die Gruppen arbeitsgleich oder arbeitsteilig arbeiten sollen. Arbeitsgleich bedeutet, dass alle die gleiche Aufgabe bearbeiten. In arbeitsteiligen Gruppen werden unterschiedliche Aufgaben verteilt und dann die Ergebnisse gemeinsam besprochen. Das Besprechen kann ganz unterschiedlich aussehen, zum Beispiel eine Vorstellung vor der Klasse oder eine Vermischung der Gruppen, sodass neue Gruppen entstehen, in denen sich immer mindestens eine Person aus jeder vorherigen Gruppe befindet, die sich dann austauschen. Diese Form nennt man Gruppenpuzzle. Auch ein Kugellager ist möglich. Wie bereits erklärt, bilden die Schüler*innen hierbei einen Innen- und einen Außenkreis, wobei sich immer je zwei Personen aus beiden Kreisen gegenüberstehen. Dabei müssen sie sich austauschen. Werden die Ergebnisse vor der Klasse vorgetragen, seien Sie kreativ und geben Sie den Schülern*innen Ideen an die Hand, ansonsten erstellt jede Gruppe ein Plakat und verweist darauf. Zeigen Sie der Klasse, wie PowerPoint® funktioniert, bieten Sie einen großen Pappkarton als Fernseher an, in dem etwas gezeigt wird, lassen Sie sie Interviews, Rollenspiele, Pantomime aufführen. Nutzen Sie die Wände. Hier können die Schüler*innen Ausstellun-

Planung ist alles

gen zeigen. Auf großen Plakaten kann man physikalische Ergebnisse genauso gut zusammentragen wie historische Ereignisse oder auch Zusammenfassungen aus Büchern. Die Schüler*innen können Comics erstellen, Wandzeitungen oder ein Radiointerview. Auch ein YouTube®-Video ist möglich (Bitte vor einer endgültigen Veröffentlichung die Genehmigung der Eltern schriftlich einholen!). Es darf dann auch mal ein Plakat sein, aber eben nicht ausschließlich.

Und die Realität?

Bei aller Planung sieht die Realität oft doch noch anders aus. Es stehen nicht immer die vollen 45 Minuten zur Verfügung. Manchmal läuft es einfach nicht! Oder die Schüler*innen sind ganz schnell fertig, brauchen länger, verstehen es so nicht – alles kein Problem. Wenn Sie gut geplant haben, haben Sie noch Alternativen durchdacht, die Sie nun einbringen können. Und sollte es komplett anders laufen als geplant, gibt es zwei Möglichkeiten. Entweder Sie finden zu Ihrem ursprünglichen Plan zurück oder Sie agieren ganz anders. Was Sie jedoch tun, es muss auf die Schüler*innen vorbereitet wirken. Ein wenig Schauspiel gehört also auch dazu.

Alle zusammen – aber wie nur?

Was bedeutet Inklusion für meinen Unterricht?

Im Jahr 2009 hat die Bundesregierung in Deutschland die sogenannte UN-Behindertenrechtskonvention unterschrieben und sich damit bereit erklärt, die Regelungen dieser Vereinbarung auch in Deutschland verpflichtend umzusetzen. Informieren Sie sich gerne auch etwas ausführlicher im Internet über dieses Thema, es wird Ihnen immer wieder über den Weg laufen, Sie werden die Vereinbarungen an Ihrer Schule umsetzen und sich dazu äußern müssen.

Was ist Inklusion eigentlich und was bedeutet Inklusion in der Schule?
Um die Inklusion zu verstehen, müssen wir ein wenig in die Geschichte der Schulen eintauchen und den Weg betrachten, den das Ganze genommen hat. Die ersten Schulen standen nur wenigen Personen – in der Regel männlichen Schülern – zur Verfügung. Bildung war ein Privileg, das man nur denen zukommen ließ, die man für würdig erachtete. Mädchen waren das nicht. Behinderte Menschen wurden damals als Schande der Familie angesehen. Sie galten als eine Strafe Gottes und häufig versteckte man sie. Die Art und Weise, wie Schulen damals betrieben wurden, nennt man Segregation. Mit der Einführung der Schulpflicht mussten Jungen und Mädchen die Schule besuchen. Allerdings war dieser Besuch exklusiv für beschulbare Kinder möglich. Das bedeutet, Kinder, die nicht in das System passten, wurden exkludiert. Darum spricht man in dieser Zeit auch von der Exklusion. Irgendwann wurden die Hilfsschulen eingerichtet. Behinderte Kinder wurden hier unterrichtet. Die Zeit zwischen 1933 bis 1945 ist in Deutschland eine sehr dunkle Zeit. Danach hat man sich sehr bemüht, es besser zu machen, blieb aber bei der Exklusion. Die Kinder bekamen gut ausgestattete eigene Schulen, man teilte die Schüler*innen in Ost- und Westdeutschland in verschiedene Sonderschultypen ein. Es gab Schulen für Kinder mit einer Spracheinschränkung, für Blinde, für Körperbehinderte, für Lernbehinderte usw. Besonders in den 70er-Jahren begannen Eltern vor allem von körperbehinderten Kindern damit, eine Schulbildung in einer normalen Schule zu fordern. Sie wollten diese Sonderstellung für ihr Kind nicht, sie wollten keine Sonderbehandlung, sondern die Kinder sollten lernen, in einer „normalen" Gesellschaft zurechtzukommen. Das war nicht einfach, denn nicht nur bauliche Probleme störten diesen Prozess, auch viele Pädagogen und Eltern konnten sich das nicht vorstellen. So begann man, Mitte der 80er-Jahre freie Zugänge auch für Rollstuhlfahrer*innen zu schaffen, Klassenzimmer wurden so ausgestattet, dass sowohl hör- als auch sehgeschädigte Kinder in den Unterricht integriert werden konnten und Sonderschullehrkräfte wurden in vielen Schulen zu reisenden Lehrkräften. Sie mussten Kinder in Regelschulen betreuen und jeweils ein paar Stunden an jeder Schule zur Verfügung stehen. Diese Phase wurde Integration genannt. Integration bedeutet, jemanden, der außerhalb einer Gruppierung steht, in diese Gruppierung hineinzubringen und ihm seinen Platz zu verschaffen. Genauso wurden diese Kinder auch behandelt. Sie liefen im Unterricht mit. Trotz allem war dies ein sehr großer Schritt und auch ein Fortschritt, betrachtet man die Entwicklung, die es genommen hat. Nun gab es seit den 70er-Jahren noch andere Gruppen, die außerhalb standen und irgendwie auch beschult werden mussten. Hierbei handelte es sich um Kinder, die eine andere Muttersprache als Deutsch sprachen und aufgrund dieser Tatsache oft große Probleme in der Schule hatten. Statt die zweite Sprache als Chance zu sehen, wurde sie oft als Lernhindernis betrachtet und wenn man schon bei der Integration war, so konnte man diese Kinder gleich mitintegrieren. Diese Vermischung brachte Nachteile mit sich. Das Wort wurde für zwei unterschiedliche Ansätze gebraucht. Zum einen ging es darum, Kinder, die aufgrund einer angeborenen oder im Laufe des Lebens erworbenen Behinderung außerhalb der Gruppe standen, in die Gruppe zu bringen. Andererseits sollten Kinder mit Sprachschwierigkeiten, die teilweise aus einem anderen kulturellen Umfeld stammten, auf die gleiche Art und Weise in diese Gruppe gebracht werden. So konnte das nicht klappen und das Resultat war, dass sowohl die einen als auch die anderen immer noch nicht Teil der Gruppe waren.

Alle zusammen – aber wie nur?

1994 tagte die Weltkonferenz „Pädagogik für besondere Bedürfnisse: Zugang und Qualität" in Salamanca in Spanien. Das Ergebnis dieser Konferenz war eine Erklärung, eine Absichtserklärung, allen den Zugang zur Bildung zu ermöglichen. Die deutschen Pädagogen sahen sich als eine Art Vorreiter, da sie glaubten, dass Deutschland eben schon sehr weit sei. War es aber nicht. Skandinavische Länder, aber auch Kanada und sogar die USA sahen schon damals kein Problem darin, Schüler*innen Zugang zum Unterricht zu gewähren, egal, welche Einschränkungen, besonderen Begabungen oder Bedürfnisse diese Kinder hatten. Das Wort Inklusion wurde auch falsch übersetzt und als Integration angesehen. Man machte weiter wie bisher. Eltern, die nun auch Kinder mit geistigen Einschränkungen auf einer Regelschule anmelden wollten, trat man mit Unverständnis entgegen. Wie sollte das auch gehen bei einer Lehrkraft in der Klasse und mit bis zu 30 Kindern oder noch mehr. Im Kindergarten und auch in der Grundschule konnte man sich das gut vorstellen, werden hier ja wichtige Grundlagen gelegt. Doch mit dem Ende der vierten Klasse war es dann vorbei mit dem gemeinsamen Unterricht. Das dreigliedrige Schulsystem macht dies einfach unmöglich. In vielen Bundesländern entscheiden Zensuren oder Empfehlungen der Lehrkräfte über den Werdegang. Und Kinder mit Einschränkungen im Bereich Lernen können so keinen Zugang zu allen Bildungseinrichtungen bekommen. Es blieb oft nur die Hauptschule oder eben die Förderschule. Sehr zum Unwillen der Eltern. In manchen Bundesländern stand noch die Gesamtschule zur Verfügung, doch auch hier waren Realschule und Gymnasium als Wahlmöglichkeit ausgeschlossen. Damit war den Schüler*innen auch ein Zugang zur universitären Bildung verwehrt. Die Absichtserklärung, die in Salamanca unterschrieben wurde, sah jedoch vor, dass alle Bildungseinrichtungen damit gemeint sind. Außerdem fiel in den 2000er-Jahren auf, dass zwischen Inklusion und Integration ein Unterschied besteht, dieser Unterschied ist nur fein, aber entscheidend. Bei der Integration geht man davon aus, dass die betroffenen Personen sich außerhalb einer Gruppe befinden und in diese Gruppe hineingebracht werden. Die Inklusion geht jedoch von einem anderen Grundsatz aus. Eine Gesellschaft sollte immer inklusiv sein, das bedeutet, alle Personen sind sowieso Teil der Gruppe, mit allen Ecken und Kanten. Wenn man sowieso schon Teil der Gruppe ist, dann muss man auch nicht aufwendig hineingebracht werden. Viel wichtiger sind gruppendynamische Prozesse, um das Miteinander in der Gruppe zu verbessern. Hierzu gehören die Akzeptanz kultureller und religiöser Unterschiede, die Toleranz gegenüber Personen mit Einschränkungen und auch gegenüber Menschen mit besonderen Begabungen, mit ihren Eigenschaften und mit all dem, wie sie einfach sind. Es heißt nicht, mit allen Personen befreundet zu sein, sondern ihnen die Teilhabe an unserem Bildungssystem zu gewähren.
Das bedeutet Inklusion. Dem steht ziemlich entgegen, dass wir in Deutschland eher darauf achten, welche Zensuren jemand bekommt, als auf das, was er lernt und in welcher Zeit er es lernt. Es steht dem auch entgegen, dass wir meinen, dass alle Personen zum selben Zeitpunkt etwas lernen müssen.

Vergleiche mit dem wirklichen Leben
Vergleichen wir es mit dem Führerschein. Den kann jeder in unserer Gesellschaft erwerben. Es gibt eine minimale Anzahl von Fahrstunden, nach oben ist jedoch kein Ende vorgesehen. Man kann die Prüfung auch mehrfach anstreben, ohne später beim Fahren Einschränkungen zu haben. Menschen, die keine Füße oder über ihre Füße keine Kontrolle haben, bekommen ein spezielles Auto mit Handgasbetrieb. Man möchte ihnen die Mobilität ermöglichen. Aber Bildung nicht? Da ist doch etwas falsch! Dass kein Mensch wie der andere ist, ist schnell erklärt. Fragen Sie mal auf einem Elternabend, mit wie vielen Monaten die Kinder laufen oder wann sie schwimmen konnten. Sie werden mehr als überrascht sein, dass Ihre sportlichsten Schüler*innen nicht die waren, die zuerst auf eigenen Beinen gelaufen sind.

Die inklusive Gesellschaft
Eine inklusive Gesellschaft, in der jeder etwas zur Gesellschaft beiträgt, ist ein Ziel, das wir uns setzen können. Die Schule trägt einen großen Teil dazu bei. Wenn wir uns alle das Ziel setzen, nicht eine Norm zu verlangen, sondern die Andersartigkeit des Individuums als normal betrachten, dann wird es auch normal. Es darf keine Ausnahme sein, dass eine Bedienung im Café Trisomie 21 hat, der Kassierer im Supermarkt nicht gut hören kann oder irgendeine Person einfach individuell ist. Jeder muss am nor-

Alle zusammen – aber wie nur?

malen Leben teilhaben können und die Vorbereitung ist Ihre Aufgabe. Homogene Gruppen gibt es nur, wenn wir sie zusammenstellen. Es gibt immer Personen, die etwas besser können und welche, die darin eben nicht so gut sind. Mit der richtigen Förderung können alle etwas davon haben.

Neue Formen des Unterrichts

Nun ist dieser Unterricht anders als der, den Sie aus Ihrer eigenen Schulzeit kennen. Sicherlich ist es Ihnen noch bekannt, dass alle zur gleichen Zeit das Gleiche taten oder zumindest tun sollten. Sie werden in Elterngesprächen vielleicht hören, dass das so nicht gehen könne, dass das noch nie so gewesen sei und dass sie nicht möchten, dass wieder mal etwas Neues mit Ihren Kindern ausprobiert wird. Beginnen wir mit dem letzten Argument – es handelt sich hier nicht um etwas Neues. Die Reformpädagogen fanden es schon vor etwa 100 Jahren nicht abwegig, altersgemischte Gruppen zu unterrichten und keinerlei Unterschiede zwischen Kindern mit und ohne Behinderung zu machen. Was vielen Lehrer*innen heute schwierig erscheint, war für Maria Montessori gar kein Problem. Sie begann als Medizinerin mit geistig behinderten Kindern zu arbeiten und konnte dann diese Ergebnisse für nicht behinderte Kinder nutzen. Sie sah sogar, dass alle Kinder einem gewissen Plan folgen würden, nur eben zu unterschiedlichen Zeiten. Dies deckt sich mit der Beobachtung von körperlichen Entwicklungen. Peter Petersen führte das Helferprinzip ein. Schüler*innen, die etwas konnten, konnten anderen Schüler*innen etwas erklären, die Lehrkraft dadurch entlasten. Wiederholungen schaden den Schüler*innen auch nicht, im Gegenteil. Wer etwas erklärt, der hat es mit Sicherheit verstanden. In Vergessenheit geraten sind diese Formen durch die Kriege in Europa.

Auch in anderen Ländern ist es normal, dass in inhomogenen Gruppen gearbeitet wird. In den skandinavischen Ländern ist es völlig absurd, einem Schüler oder einer Schülerin den Schulunterricht zu verweigern, weil die baulichen Voraussetzungen nicht vorhanden sind. In den USA existiert kein öffentliches Gebäude – und dazu gehören auch die Schulen –, das nicht barrierefrei ist.

Etwas Neues – etwas anderes ausprobieren

Das Argument, dass es noch nie so gewesen sei, ist nicht richtig. Es gab wie gesagt Vorläufer. Unsere Gesellschaft verändert sich ständig und wir wollen doch gerade keine konforme Gesellschaft, sondern eine, die Individuen stärkt. Wo, wenn nicht im Bereich der Bildung, soll damit begonnen werden? Und schließlich ist es so, dass etwas, das anders ist, nicht gleich schlecht sein muss. Wenn wir einmal die Ausbildung in der Schule mit einem Sportteam vergleichen, zum Beispiel mit einer Handballmannschaft, da wird beim Training in Phasen zusammengearbeitet. In anderen Phasen machen verschiedene Personen verschiedene Übungen, schließlich spielen alle zusammen, jeder auf seinem Platz und jeder hat eine andere Aufgabe. Oder eine Leichtathletikmannschaft kann sich zusammen warmlaufen, aber die einen trainieren dann das Werfen, andere Hochsprung oder Weitsprung und wieder andere das Laufen. Selbst beim Laufen gibt es Unterschiede. Manche laufen Kurzstrecke, andere Mittelstrecke und dann gibt es Personen, die Langstrecken laufen oder Hürdenlauf betreiben.

Unterstützung

Bei allen positiven Argumenten muss es nun zur Umsetzung kommen. Doch auch hier können und sollen Sie nicht allein dastehen. Je nach Anzahl der Schüler*innen mit besonderen Bedürfnissen haben Sie Anrecht auf weitere Stunden für Ihren Unterricht. Wie das im Einzelnen geregelt wird, hängt von Ihrem Bundesland und von Ihrer Schule ab. Es kann sein, dass Sie einzelne Stunden mit einer zweiten Lehrkraft zusammen unterrichten. Es ist ebenfalls möglich, dass eine sonderpädagogische Fachkraft zu Ihnen in den Unterricht kommt und sie unterstützt. Neue Formen der Anforderung erfordern auch neue Formen des Unterrichtens. Und hier kann Ihre Stärke als Quereinsteiger*in liegen. Sie haben eine Berufsausbildung und Sie haben bereits in diesem Beruf gearbeitet. Natürlich ist pädagogisches Wissen nötig, doch ebenso ist eine Zusammenarbeit in einem pädagogischen Team gefragt, gewünscht und erforderlich. Der Traum ist hier der Einsatz eines multiprofessionellen Teams an einer Schule. Ob im Team oder im multiprofessionellen Team, hier kommen verschiedene Professionen zusammen und arbeiten gemeinsam. Für

Lehrkräfte, die schon lange unterrichten, ist das gar nicht so einfach, denn sie kennen es nur, allein im Klassenzimmer zu stehen. Es gibt zwar Konferenzen, doch der Austausch ist hier oft nur sehr einseitig. Man tauscht sich auch nicht in einem neuen Kreis aus, in den neue Impulse hineinkommen, sondern in einem bekannten Kollegium. Das ist nicht schlecht, denn so gibt es eine gewisse Vertrauensbasis, jeder hat seine Rolle usw. – aber man übersieht auch schnell etwas. Kommt nun eine Person von außen dazu, die einen neuen oder zumindest anderen Blickwinkel auf die Sache hat, können neue Impulse und Gedanken eingebracht werden. Jemand, der es gewohnt ist, im Team zu arbeiten statt als Einzelkämpfer, wie es bei Lehrkräften häufig der Fall ist, kann sich auch eher zurücknehmen, etwas geschehen lassen und beobachten. Lehrkräfte müssen nicht immer alles komplett steuern.

Zusammenarbeit im Team

Wenn gemeinsam im Team gearbeitet wird, so muss auch zusammen unterrichtet werden. Es gibt im Unterricht mehrere Formen des gemeinsamen Unterrichtens.

Beim *Teamteaching* wird der Unterricht von zwei (oder auch mehreren) Personen geleitet. Beide Personen tragen abwechselnd etwas vor, erklären es im Wechsel oder auch gemeinsam. So ergeben sich gute Möglichkeiten, sich gegenseitig zu ergänzen. Damit das richtig gut klappt, muss man aufeinander eingespielt sein. Vorher muss geübt werden, denn ungefragt sollte man niemandem einfach so ins Wort fallen. Sprechen Sie sich genau ab, wie ein Gespräch vor der Klasse aufgebaut sein soll. Am Anfang wirkt es vielleicht ein bisschen wie Theater, wenn man aber als Team zusammengewachsen ist, kennt man die gegenseitigen Stärken und Schwächen. In der ersten Phase kann der Ablauf auch noch sehr einstudiert klingen, doch das kommt nur Ihnen so vor, die Schüler*innen werden es nicht bemerken. Ihnen wird eher auffallen, wenn Sie es nicht vorher geprobt haben. Dann scheint es so, als ob der eine den anderen korrigieren wolle und dann geht ganz schnell das Gerücht um, dass die eine Lehrkraft weniger kann als die andere. Eine andere Form, den Unterricht gemeinsam zu gestalten, ist es, die Klasse in zwei unterschiedliche Lerngruppen zu teilen. Das kann sowohl eine thematische als auch eine niveaumäßige Trennung sein. Es gibt auch die Möglichkeit, dass eine Lehrkraft die Klasse unterrichtet, und die andere mit ein paar Kindern aus dem Klassenzimmer geht und mit ihnen etwas anderes macht. So können die Schüler*innen, die auf einem anderen Level als der Rest sind, gezielt gefördert werden. Vielleicht handelt es sich hierbei auch um Kinder, die aus dem ein oder anderen Grund mehr Aufmerksamkeit brauchen. Eine Beobachtung kann in einer solchen Stunde ebenfalls durchgeführt werden. Es können die Klasse als Ganzes, einzelne Schüler*innen oder auch die Lehrkraft betrachtet werden. Wie verhält sich diese in bestimmten Situationen und was sind davon Verhaltensmuster, die man selbst übernehmen kann. Bei einem guten Verhältnis untereinander kann man darüber sprechen und sich gegenseitig Tipps und Hinweise geben. Schön wäre es, wenn es in Ihrer Schule mehrere verschiedene Personen gäbe, die Ihnen helfen können. Zum Beispiel Therapeut*innen, Psycholog*innen, eine Schulkrankenschwester, Medienassistent*innen etc. Die Liste ließe sich noch beliebig erweitern. Nutzen Sie das, was Sie haben, und wenn sich die Möglichkeit ergibt, Wünsche bezüglich des Personals an der Schule zu äußern, dann machen Sie sich wirklich Gedanken dazu und tun sie es.

Und allein?

Natürlich ist es einfacher, wenn man zu zweit in einer Klasse unterrichtet, in der Schüler*innen mit unterschiedlichen Bedürfnissen miteinander lernen, leben und arbeiten. Doch ganz ehrlich, es treffen immer unterschiedliche Bedürfnisse aufeinander, sobald mehr als eine Person etwas tut. Man wird nie ein völliges Gleichgewicht vorfinden. Bewegen Sie sich einfach weg von dem, was Sie als Unterricht kennen. Es müssen nicht alle Kinder zur gleichen Zeit das Gleiche tun. Teilen Sie die Klasse in verschiedene Gruppen ein, die unterschiedliche Aufgaben haben. Manche Schüler*innen arbeiten allein, andere zu zweit und wieder andere in einer Gruppe. Sie können auch zusätzlich mit einzelnen Schüler*innen allein oder in einer kleinen Gruppe arbeiten. Andere können ihren Mitschüler*innen helfen. Durch diese Hilfe vertiefen diejenigen das, was sie bereits konnten, und vermitteln es den anderen. Zwar nicht genauso, wie

Sie es tun würden, doch gerade darin kann der eigentliche Vorteil liegen. Wenn etwas noch einmal auf eine andere Art und Weise erklärt wird, dann verstehen es manche Personen leichter.

Hilfe suchen

Es ist nicht immer leicht, allein zu unterrichten. Manchmal fühlt man sich hilflos und weiß nicht weiter. In dem Fall ist es gut, sich im Kollegium austauschen zu können. Vielleicht können durch Absprachen gemeinsame Lösungen gefunden werden. Zum Beispiel kann man zwei Klassen zusammenlegen, um den Unterricht teilweise gemeinsam durchzuführen. So können Sie auch Arbeitsblätter, Arbeiten und Tests zusammen gestalten. Es kann auch über den Flur hinweg eine dritte Lerngruppe neben den beiden Klassen eingerichtet werden, die Sie von beiden Klassen aus betreuen.

Hilfe von außen annehmen

Hilfe bekommen Sie nicht nur innerhalb der Schule. Nutzen Sie wirklich alle Hilfe, die Sie bekommen können. Haben Sie beispielsweise einen Diabetiker in Ihrer Klasse, so erkundigen Sie sich, welche Hilfe dieses Kind braucht. Manche Eltern informieren gut, andere sind übervorsichtig und wieder andere erklären vielleicht nicht ernsthaft genug. Fragen Sie in diesem Fall auf Diabetes geschulte Ärzt*innen und Kliniken. Oft gibt es hier offene Beratungsgruppen, an denen Sie vielleicht teilnehmen können. Oder in Ihrem Bekanntenkreis ergibt sich eine Möglichkeit, dass jemand Ihnen etwas dazu erklären kann. Das gilt auch für andere Bereiche. Wenn Sie sich an Ämter wenden, holen Sie zuvor das Okay Ihrer Schulleitung ein. Mit Rückendeckung von dieser Seite können Sie besser arbeiten. Lassen Sie auch andere Kolleg*innen daran partizipieren, was Sie erfahren. So wird man sie im Gegenzug auch informieren, wenn ein anderer etwas herausgefunden hat. Denken Sie auch in Richtung der Eltern. Vielleicht ist das ein oder andere Elternteil bereit, Sie zu unterstützen. Das kann eine einmalige Tätigkeit sein (z. B. aus dem Beruf berichten, etwas Besonderes zeigen, etwas mit den Kindern machen) oder auch eine sich wiederholende Tätigkeit wie zum Beispiel das Leiten eines Lesecafés, das Beaufsichtigen einer Schreibwerkstatt oder auch als zusätzliche Aufsicht, um Schüler*innen zu begleiten.

Lernbegleiter*in

Sie kommen in eine neue Klasse. In dieser Klasse sollen eigentlich Schüler*innen sitzen und nun sitzt neben einem Kind eine erwachsene Person. Vielleicht hat man Ihnen vorher schon gesagt, dass es sich hier um eine*n Lernbegleiter*in handelt. Wer sind diese Personen? Es handelt sich hier um angelernte Personen, die speziellen Schüler*innen zur Seite stehen und Ihnen helfen sollen, im Unterricht klarzukommen. Es sind oft keine pädagogischen Fachkräfte, das bedeutet, dass Sie nicht voraussetzen können, dass eine pädagogische Vorbildung vorhanden ist. Viele dieser Personen nehmen diese Stelle nach der Schule an, um sich zuerst noch ein wenig zu orientieren. Für andere ist es ein Wiedereinstieg in den Beruf. Die Stellenbeschreibung sieht vor, dass das betroffene Kind im Schulalltag begleitet wird und die Lernbegleiter*in zur Unterstützung da ist. Finanziert werden sie nicht von der Schule oder dem Schulträger, sondern aus anderen öffentlichen Mitteln, teilweise auch von den Krankenkassen. Somit sind eigentlich weder Sie noch Ihre Schulleitung den Lernbegleiter*innen gegenüber weisungsbefugt. Allerdings hat Ihre Schulleitung das Hausrecht. Kommt es jedoch erst einmal so weit, dass Sie sich darüber unterhalten, wer wem gegenüber weisungsbefugt ist, dann ist es eigentlich bereits zu spät. Besser ist es, gleich von Anfang an eine gute Arbeitsbeziehung aufzubauen. Die Stellenbeschreibung sieht die Unterstützung des Kindes vor. Wie diese Unterstützung nun genau aussieht, klärt sich durch die Absprache zwischen Ihnen und der Begleitperson. Diese kann zum Beispiel auch dafür sorgen, dass das zu betreuende Kind sich besser mit anderen versteht und von ihnen verstanden wird. Sie kann mithelfen, dass die Zusammenarbeit besser funktioniert. Um das Vertrauen der anderen Schüler*innen zu gewinnen und auch eine Sonderstellung des begleiteten Kindes zu vermeiden, ist es von Vorteil, wenn die Begleitperson sich auch mit anderen Schüler*innen beschäftigt. Es ist für manche Schüler*innen auch gut, wenn sie nicht unter einer hundertprozentigen Kontrolle stehen. So könnte der*die Lernbegleiter*in kleine Sequenzen im Unterricht übernehmen und Lerngruppen mitbetreuen. Das klappt aber wirklich nur dann, wenn Sie

Alle zusammen – aber wie nur?

miteinander reden, Gespräche führen und aufeinander zugehen. Beachten Sie dabei bitte, dass Zeiten hier eine große Rolle spielen. Während Lehrer*innen Vorbereitungszeit, Zeit für Gespräche etc. einplanen müssen, werden den Lernbegleiter*innen nur die Zeiten gezählt, die sie tatsächlich für die Lernbegleitung nutzen. Sollten Sie Lernbegleiter*innen haben, die im Unterricht etwas anderes machen (Handy nutzen, stricken, Buch lesen), dann müssen Sie sofort miteinander reden. Warten Sie nicht erst ab, bis es zu richtigen Problemen kommt. Erklären Sie, warum manche Verhaltensweisen nicht gehen. Dann sind die meisten Personen auch sehr einsichtig. Reden, gegenseitiger Respekt und Unterhaltungen auf Augenhöhe sind hier besser als Vorschriften.

Schüler*innen als Helfer

Wie eben schon einmal angesprochen, können auch Schüler*innen als Helfer*innen eingesetzt werden. Diese Schüler*innen treffen sich mit den gleichaltrigen oder etwas jüngeren Schüler*innen auf Augenhöhe. Bitten Sie jemanden, sich um eine Person zu kümmern. Das kann ebenso im Unterricht sein wie in der Pause. Zum Beispiel könnte ein Kind mit einer autistischen Veranlagung Angst haben, während der Pause von einem Raum in einen anderen zu wechseln, weil einfach zu viele andere Personen unterwegs sind. Man könnte dieses Kind dann an bestimmten Tagen von einem anderen abholen und begleiten lassen. Natürlich nimmt ihn das aus der Gemeinschaft heraus – aber Inklusion bedeutet nicht, dass alle immer gleich behandelt werden, sondern dass jeder nach seinen Bedürfnissen das bekommt, was er braucht. Das ist nicht immer fair im Sinne der Gleichbehandlung, aber fair im Sinne der Bedürfnisse. Erzählen Sie den Schüler*innen nur dann von Diagnosen der anderen, wenn die Eltern dem zustimmen. In manchen Fällen kann es hilfreich sein, wenn die Kinder Bescheid wissen, dass ein anderes Kind z. B. eine Krankheit hat, in der eventuell medizinische Hilfe benötigt wird. In der Vergangenheit wurde dies oft aus Scham nicht publik gemacht und auch, um das eigene Kind oder sich selbst zu schützen. Der Grundgedanke der inklusiven Gesellschaft ist jedoch die Akzeptanz und damit auch der Schutz des Individuums. Das sollte in der Schule vorgelebt werden.

Erklärungen über Besonderheiten

Haben Kinder in Ihrer Klasse Behinderungen oder Auffälligkeiten, dann sollten Sie über diese gut informiert sein. Setzen Sie sich mit Eltern zusammen, wenn Sie Auffälligkeiten bemerken. Gibt es Situationen, in denen Schüler*innen überfordert sind? Dann müssen Sie das wissen. Wie muss man in diesem Moment reagieren? Gibt es andere medizinische Besonderheiten, auf die Sie achten müssen? Klären Sie auch diese Fragen mit den Eltern. Elternarbeit ist in solchen Fällen wichtiger denn je.

Weitere Informationen für Sie

Interessieren Sie sich ganz besonders für das Thema Inklusion? Hier finden Sie mehr Informationen: M. Humbach, C. Kluwe, K. Kress, D. Schlechter, J. Schneider, R. Wensing: Inklusion in der Schule – Das Praxisbuch: Profi-Tipps und Materialien aus der Lehrerfortbildung, Auer Verlag 2018.

Ich verstehe kein Wort!

Schüler*innen mit anderen Muttersprachen brauchen besondere Unterstützung

In Ihrer Klasse sind viele Kinder. Einige davon sprechen außer Deutsch noch andere Sprachen. Manche sprechen gut Deutsch, andere weniger und wenige Schüler*innen sprechen gar kein Deutsch. Das ist eine Situation, auf die man nicht wirklich vorbereitet ist. Wie kann man nun damit umgehen und was kann man tun, damit dies den Unterricht nicht beeinträchtigt.

Beeinträchtigung des Unterrichts

Beginnen wir damit, dass alles den Unterricht beeinträchtigt. Vor allem Ihre Reaktion. Wenn Sie sich abwertend gegenüber jemandem verhalten, der kein Deutsch spricht, so überträgt sich das auf die Klasse. Sind Sie aber aufgeschlossen und bemüht, so überträgt sich das ebenfalls. Es liegt also auch an Ihnen, wie damit umgegangen wird. Wenn sich die Schule bemüht, so können Schüler*innen ohne jegliche deutsche Sprachkenntnisse innerhalb eines halben Jahres dem Unterricht problemlos folgen, ihre Wünsche und Anliegen äußern, Regeln der Schule verstehen und mit Mitschüler*innen kommunizieren. Schreiben und Lesen dauert länger und ist vom Kind abhängig. Dazu gehört natürlich ein Erklären, ein Aufeinandereingehen und gegenseitiger Respekt. Jemand, der kein Deutsch sprechen kann, ist nicht automatisch dumm, sondern er kommuniziert lediglich in einer anderen Sprache. Diese Sprachbarriere zu überwinden, ist nicht nur für das betroffene Kind eine wichtige Kompetenz, sondern ebenso für Sie und für alle anderen Schüler*innen der Klasse. Statt also den Schüler*innen zu erklären, dass ein Klassenmitglied eben kein Deutsch spricht und man darum Rücksicht nehmen muss, kann eine kleine Änderung in der Formulierung hier einen großen Effekt haben. „XY spricht supergut Italienisch. Kann jemand von euch vielleicht übersetzen? Ich kann das nicht!" In dem Moment stellen Sie Ihre eigene Unfähigkeit und die der Klasse ebenso in den Fokus und nicht die Unfähigkeit der Person, die kein Deutsch sprechen kann. Hier kann dann auch eine Person punkten, die vielleicht schon ein wenig länger in Deutschland lebt und diese Sprache sprechen kann.

Kulturelle Unterschiede

Neben den sprachlichen Defiziten sind auch kulturelle Unterschiede relevant. Das ist völlig normal. Sie haben diese Unterschiede auch, wenn ein Kind aus Berlin nach Bayern zieht oder umgekehrt. Und selbst in der Nachbarstadt können andere Regeln in der Schule gelten, als das bei Ihnen der Fall ist. Erklären Sie die Regeln klar und einfach. Nutzen Sie Gestik, Mimik und Zeichnungen um etwas zu erklären. Die meisten Schüler*innen wollen es richtig machen, es sei denn, man vermittelt ihnen, dass sie es sowieso nicht können und nicht in der Lage sind, es richtig zu machen. Irgendwann tritt dann eine Frustration ein, die sie nicht überwinden können. Damit es nicht so weit kommt, ist eines wichtig: Lachen Sie gemeinsam! Das ist die einfachste Sprache. Lachen Sie nicht über jemanden, sondern miteinander.

Kulturelle Unterschiede können auch zu anderen Missverständnissen führen. Manchmal geht es um Essen, manchmal um Kleidung. Aber auch um den Umgang miteinander. In manchen Kulturen ist der Umgang von Jungen und Mädchen miteinander ganz anders als in Deutschland. Auch im Umgang mit weiblichen Lehrkräften kann es zu Problemen kommen. Es gibt Kulturen, in denen Männer und Jungen nicht darauf hören, wenn eine Frau etwas sagt – bei uns ist das aber so. Hier hilft es nicht, etwas mit Gewalt durchzusetzen, das erzeugt nur eine Gegenreaktion – sondern mit Beharrlichkeit. Werden Sie deutlich, schreien Sie nicht und vergreifen Sie sich nicht im Ton. Führen Sie schwierige Gespräche lieber zu zweit. Sollte eine Frau nicht akzeptiert werden, so ist ein männlicher Kollege hilfreich, der die Kompetenz der Kollegin unterstreichen kann.

Technische Errungenschaften nutzen

Noch vor einigen Jahren musste man sich mühsam mit Wörterbüchern verständigen. Aber was, wenn die andere Person vielleicht auch noch gar nicht in der eigenen Sprache lesen kann? Smartphones machen

Ich verstehe kein Wort!

es möglich und können helfen. Sie können sich einen (kostenlosen!) Übersetzer herunterladen, die Sprache einstellen und Wörter eintippen. Diese werden Ihnen dann angezeigt. Sie können die Wörter auch akustisch wiedergeben lassen. Es ist sogar möglich, ganze Sätze einzugeben, denn oft kann ein Wort nur im Zusammenhang wirklich verstanden werden. Auch bei kostenlosen Programmen kann man mittlerweile einen ganzen Satz aufnehmen und übersetzen lassen. Im Unterhaltungsmodus können Sie so ganze Gespräche führen. Probieren Sie es aus. Es geht. Natürlich sind hier Grenzen gesetzt und wenn Ihr gegenüber ein wenig komisch schaut, dann wissen Sie, dass etwas schiefgelaufen ist. Das verbindet und man kann darüber noch Jahre später lachen. Wie eine amerikanische Naturwissenschaftslehrerin, die freundlich alles für einen deutschen Schüler übersetzte und dieser sich wunderte, dass explizit darauf hingewiesen wurde, dass Reiten in der Schule nicht gestattet sei. Gut, man hört ja so manches über amerikanische Schulen und der Schüler hat es erst einmal so hingenommen. Später, als er dann mehr verstand, wusste er, dass „horse playing" damit gemeint war und das bedeutet Herumspringen. Sie werden viele dieser Situationen erleben.

Sprachliches Niveau nicht immer zu hoch hängen

Es wird immer wieder dazu kommen, dass Sie einander missverstehen. Es kann auch sein, dass sie manchmal eine Art der Sprache nutzen müssen, die sie eigentlich nicht mögen. Eine sehr auf anständige Wortwahl bedachte Lehrerin musste sich einmal bei einer Schülerin, deren Muttersprache nicht Deutsch war, vergewissern, ob diese sich wieder einmal im Bus übergeben hatte. Sie fragte zunächst nach, ob das Mädchen sich übergeben hätte. Die Antwort war ein Kopfschütteln: „Nein, nichts geben!" Dann wurde sie gefragt, ob sie gebrochen hätte. Wieder kam ein Kopfschütteln: „Nein, nichts kaputt!" Die Lehrerin wurde ein wenig leise, schüttelte den Kopf und flüsterte: „Hast du gekotzt!" Daraufhin verstand das Mädchen endlich, was die Lehrerin von ihr wollte, lächelte und antwortete mit: „Ja!" Hier hätte die Lehrerin auch erklären können, dass die anderen Wörter ebenfalls diesen Prozess ausdrücken. Damit wären sie vielleicht noch nicht sofort in den aktiven Sprachschatz übergegangen, aber zumindest in den passiven.

Mimik und Gestik

Wie bereits angesprochen, sind Mimik und Gestik die Sprachen, die fast jeder Mensch versteht. Beziehen Sie hier die ganze Klasse ein und versuchen Sie, ein paar Dinge durch Gesten darzustellen.

Aufgaben:
- Welches Heft braucht man?
- Etwas aufschreiben
- Essen & Trinken
- Jacke aufhängen
- Zur Toilette gehen
- Jemanden mitnehmen

Das können alle gemeinsam spielen. Und auch wenn es sich hier nicht direkt um Unterrichtsinhalte handelt, so lernen die Kinder dadurch etwas. Sie erfahren, wie man sich mit nonverbaler Kommunikation verständigt, das ist ein wichtiger Teilbereich der Sozialkompetenz. Auch so etwas gehört in den Unterricht.

Bildkarten

Es gibt Bildkarten, die Sie einsetzen können, um bestimmte Vorgänge zu verdeutlichen. Diese Bildkarten können Sie kaufen oder auch mit der Klasse erstellen. Zum Beispiel könnte eine Kunststunde darauf verwendet werden, diese zu kreieren. Wenn Sie nicht selbst Kunst unterrichten, dann bitten Sie die Kunstlehrkraft, dies zu tun. Es handelt sich hier um eine Aufgabe, die sofort Anwendung in der Klasse finden kann.

Ich verstehe kein Wort!

Nicht laut – sondern langsam und deutlich

Sie haben es sicherlich schon immer mal erlebt: Eine Person kann eine Sprache nicht sprechen und eine andere Person versucht nun zu vermitteln. Viele Personen antworten unwillkürlich sehr laut, sprechen aber nicht deutlich und schon gar nicht langsam. Das ist aber sehr wichtig. Auch hilft es dabei, etwas mit Händen und Füßen und mit einem netten Lächeln zu unterstreichen.

Zeigen Sie auf die Dinge, von denen Sie reden. Wiederholen Sie Sätze, bei denen Sie keine Reaktion bekommen. Sprechen Sie zu Beginn in sehr kurzen und einfachen Sätzen, Prädikat und Subjekt. Verlängern Sie erst dann die Sätze, wenn der*die Schüler*in etwas mehr versteht. Sprechen Sie nicht in grammatisch falschen Sätzen, das kann man sich nur falsch einprägen. Ganz wichtig ist wirklich, dass Sie nicht lauter sprechen! Die Kinder, die kein Deutsch sprechen, sprechen kein Deutsch, nicht mehr und nicht weniger. Sie sind nicht schwerhörig!

Übersetzer*innen nutzen

Sie verstehen wirklich nichts und das Kind ebenfalls nicht? Es gibt aber heute Wichtiges zu bereden. Hände und Füße helfen nicht und auch die Onlineübersetzung streikt. Was sollen Sie nur machen? Niemand ist allein auf dieser Welt und niemand spricht als einzige Person eine Sprache – es gibt immer mehrere Menschen, die dies tun. Bevor Sie Übersetzer*innen über die Stadt oder die Schule bestellen können, wissen Sie schon gar nicht mehr, worum es eigentlich ging. Natürlich ist das eine Möglichkeit und wenn Ihnen eine solche Person zur Verfügung gestellt wird, so nutzen Sie diese – doch Sie haben noch ganz andere Möglichkeiten. So kann zum Beispiel ein Kind aus einer anderen Klasse die gesuchte Sprache sprechen. Fragen Sie es, ob es übersetzen kann. Vielleicht hat es in einer Randstunde Zeit und kann sogar an Ihrem Unterricht teilnehmen. Eine Simultanübersetzung können Sie von den Kindern nicht erwarten, aber eine große Unterstützung wird es für Sie sein. Ansonsten kann eine regelmäßige Hilfe in den Pausen schon eine Menge bringen. Wenn Sie jedoch merken, dass etwas anderes übersetzt wird, als Sie es möchten, suchen Sie sich einen anderen Übersetzer*eine andere Übersetzerin. Passen Sie auf, dass sensible Daten nicht in falsche Hände und Ohren gelangen und nicht ohne Zustimmung weitergegeben werden.

Störungen durch fremde Sprachen

Es ist nicht alles einfach und manchmal fühlt man sich auch überfordert. Besonders dann, wenn man das Gefühl hat, in einer anderen Sprache beschimpft oder beleidigt zu werden. Allerdings ist das oft eine Reaktion auf das, was das Kind bereits selbst erlebt hat. Vielleicht sind Sie gar nicht primär gemeint, sondern Sie sind eben nur der*die Leidtragende. Versuchen Sie in einem solchen Fall ruhig zu bleiben und die Äußerungen nicht auf sich zu beziehen. Passiert es nur selten und Sie können damit umgehen, dann ist es kein Problem. In dem Moment, in dem Sie sich unwohl fühlen, brauchen Sie Hilfe. Gut ist es, wenn Sie eine gemeinsame Lösung in der Schule finden. Man kann mit diesen Schüler*innen auf den Flur gehen und versuchen, mit ihnen zu reden. Man kann eine weitere Person hinzuziehen. Es geht in erster Linie darum zu erfahren, warum es zu dieser Situation gekommen ist und wie verhindert werden kann, dass es noch einmal dazu kommt. So ist es bei jeder Störung der Fall, weitere Tipps finden Sie dazu unter „Störungen".

Bedenken Sie jedoch, dass dieses Verhalten in der Regel immer eine Reaktion auf etwas ist. Sprechen Sie ein Kind in einer schimpfend klingenden Stimme an, so kann dies bedrohlich wirken. Überdenken Sie also Ihre eigene Sprache sowie Ihre Stimmung, die Sie in die Sprache legen. Wenn es nicht an Ihnen liegt, fragen Sie die anderen Schüler*innen in Ihrer Klasse, ob es in einer Stunde vor Ihnen zu Problemen gekommen ist. Reden Sie eventuell mit Kolleg*innen. Es ist wirklich ganz wichtig, eine gemeinsame Strategie an der Schule zu haben. Beleidigungen und Beschimpfungen sind in keiner Sprache gestattet und sollten in der Schule auf keinen Fall geduldet werden.

Versuchen Sie aber bitte auch herauszufinden, was wirklich gesagt wurde. Versetzen Sie sich in die Position dieser Schüler*innen. Wie würden Sie sich fühlen, wenn um sie herum eine für Sie fremde Sprache gesprochen wird. Sie haben keine Ahnung, worum es geht, und bekommen nur ein paar Worte mit. Für viele nicht deutschsprachige Personen klingt Deutsch auch sehr hart, unsere Sprachmelodie ist nicht sehr

Ich verstehe kein Wort!

klangschön. So kann jemand, der die Sprache nicht spricht, schnell etwas falsch verstehen. Ein Schüler, der in einer 7. Klasse in einem Land unterrichtet wurde, dessen Sprache er nicht verstehen konnte, freute sich immer auf die Mathematikstunden. Hier verstand er, worum es ging. Leider schien die Lehrkraft das nicht so zu sehen. Immer wieder nannte er im Unterricht den Namen des Jungen und der Junge traute sich nach einer Woche gar nicht mehr in diesen Unterricht. Dem Jungen wurde erst später klar, dass die Lehrkraft ihn als gutes Beispiel herausstellte, weil er viel mehr konnte, als die Kinder, die sogar die Sprache verstanden. So kann sogar ein positives Herausstellen falsch aufgenommen werden.

Reime, Lieder und Spiele

Wenn Sie auf der Straße angesprochen werden und in einer Sprache antworten sollen, die Sie nicht täglich sprechen, so sind Sie dazu oft nicht in der Lage. Es ist erst einmal dieser Überraschungsmoment, der Sie vergessen lässt, dass Sie eigentlich problemlos erklären könnten, wie der Fahrscheinautomat funktioniert oder wie man zum nächsten Bahnhof kommt. Aber plötzlich fehlen Ihnen die Worte. In Ihrer eigenen Sprache könnten Sie das problemlos. Reime, Lieder, Spiele in Fremdsprachen helfen Ihnen. Ihre Lieblingslieder können Sie ganz einfach mitsingen, egal in welcher Sprache diese gesungen werden. Wenn Sie nun gefragt würden, was zum Beispiel „Zehen" auf Englisch heißt, könnten nur die wenigsten richtig antworten. Denken Sie aber an das Lied „Head and shoulders, knees and …", das Ihnen bestimmt in der Grundschulzeit irgendwann beigebracht wurde, dann wissen Sie es wieder. Es sind natürlich die „toes". Vielleicht kommt Ihnen beim Lesen gleich die Melodie dieses Liedes in den Kopf. Es geht den meisten Menschen so, dass sie durch Erinnerungen, durch Reime und Verse, Lieder und Spiele viel mehr behalten. So können die ersten Schritte in der neuen Sprache auf diese Art und Weise erlernt werden und die Hemmschwelle des Fehlermachens für die Schüler*innen sinkt. Außerdem singen oder sprechen sie mit mehreren zusammen, sodass die Fehler gar nicht so auffallen.

Eigene Sprache erhalten

Es gibt verschiedene Ansätze, wie man am schnellsten eine fremde Sprache erlernen kann. In der Vergangenheit hat man Sprachlerner*innen oft dazu genötigt, die eigene Sprache zu vergessen und nicht mehr zu nutzen, doch das bringt ganz andere Probleme mit sich. Lassen Sie die Kinder ihre eigene Sprache sprechen. Nur wer seine Muttersprache beherrscht, kann auch Gedanken in andere Sprachen übertragen. Bilingual sind nicht die Menschen, die ihre eigene Sprache vernachlässigen, sondern die, die in beiden Sprachen gleich gut sind. Man muss Gelerntes in der einen Sprache auch in der anderen Sprache zum Ausdruck bringen können, um sich die Bilingualität zu erhalten. Das klappt nicht, wenn die Muttersprache vernachlässigt wird. Wer in der Muttersprache keine komplizierten Satzgebilde entwickeln kann, der kann das in der neuen Sprache erst recht nicht.

Spracherwerb ist nicht so einfach

Wer eine Fremdsprache in der Schule lernt, lernt zunächst einmal Sätze und Redewendungen auswendig und übersetzt sich jeden dieser Sätze. Tauchen Wörter auf, die man nicht versteht, so schlägt man im Wörterbuch nach und lernt auch diese. Dadurch kommen teilweise wirklich lustige Satzkonstruktionen zustande. Eine Sprache in einem anderen Land zu lernen, ist etwas ganz anderes. Man lernt nicht nur die Sprache, man kommt auch mit der Mentalität der Menschen in Kontakt. Und man lernt die Sätze im Zusammenhang. In der ersten Zeit können die Personen dann zwar den Zusammenhang erklären, aber sie sind nicht in der Lage, jeden Satz zu übersetzen. Das Verständnis dafür ist wichtig, man kann manchmal nach einzelnen Worten fragen, besser ist es jedoch, wirklich den Zusammenhang zu erfassen.

Begrüßung und anderes

Wer in ein fremdes Land reist, sollte einige Grundkenntnisse der Sprache vorab erwerben. Wie begrüßt man sich in diesem Land und wie sagt man Danke, Bitte, Ja und Nein? Informieren Sie sich, wie diese Wörter in der für Sie fremden Sprache heißen. Einerseits zeigt das einen gewissen Respekt für die andere Kultur und Interesse an der anderen Sprache. Sie zeigen selbst, dass Sie wissen, dass nicht alle Laute ein-

Ich verstehe kein Wort!

fach zu sprechen sind. Das türkische „R" am Ende eines Wortes ist für die deutsche Zunge schon recht schwierig. Für Deutschlehrer*innen sind unsere „S"-Laute und auch das „ch" eine große Herausforderung. Anderseits sind die Kinder oft überrascht, wenn Sie in deren Sprache sprechen und entwickeln ein wenig mehr Achtung.

Meine Kultur, deine Kultur

Es geht hier um Respekt. Jeder möchte, dass er in seiner Kultur, in seinem Glauben und seinem Verhalten akzeptiert wird. Hier gibt es gewisse Grenzen und die werden in dem Moment überschritten, in dem jemand zu etwas gezwungen wird, das er nicht tun möchte, oder von etwas abgehalten wird, das er gern tun würde. Gegenseitiger Respekt bedeutet aber auch, Feste und Feiern der anderen zu achten. Würdigen Sie zum Beispiel das Opferfest oder Zuckerfest der muslimischen Schüler*innen, beachten Sie besondere Feiertage in den Herkunftsländern und sprechen Sie die Kinder darauf an. Dann ist es viel einfacher für diese Kinder, Ostern, Weihnachten und andere Feste im Unterricht mitzufeiern.

Von Auffälligkeiten bis Störungen

Vieles kann den Unterricht ins Stocken bringen

Das Leben läuft nicht störungsfrei, so ist es auch mit dem Unterricht. Allerdings gibt es verschiedene Arten von Störungen, teilweise kann man sie vermeiden, teilweise leider nicht. Es liegt in Ihren Händen, wie Sie mit solchen Störungen und wie die Schüler*innen damit umgehen. Es gibt verschiedene Modelle zur Vermeidung von Unterrichtsstörungen im Rahmen des Classroommanagements, doch wichtig ist vor allem eines: Lassen Sie sich die Kontrolle nicht nehmen und bleiben Sie ruhig – ganz ruhig.

Definition

Karlheinz Biller definierte 1979 in seinem Standardwerk zum Thema eine Unterrichtsstörung so: „Alles, was den Prozeß oder Beziehungsgefüge von Unterrichtssituationen unterbricht oder unterbrechen könnte, ist als konkrete oder potentielle Unterrichtsstörung definierbar." Quelle: Biller, Karlheinz (1979): *Unterrichtsstörungen*. 1. Auflage, Ernst Klett Verlag, Stuttgart 1979.

Anfang und Ende

Nein, hier geht es nicht um die Kirche, hier geht es um den Anfang und das Ende der Stunde. Das bestimmen Sie, niemand sonst. Das ist wichtig. Bestehen Sie darauf, dass gemeinsam angefangen wird. Ein genuscheltes „Guten Morgen" beim Hineingehen in die Klasse bringt die Schüler*innen eher dazu, da weiterzumachen, wo sie vor Ihrem Eintreten waren, nämlich beim Miteinander-Quatschen. Sie brauchen dann eine lange Zeit, um sie zu einem wirklichen Arbeiten zu bringen. Warten Sie daher lieber zu Beginn der Stunde, bis es wirklich ruhig ist, um dann störungsfrei zu beginnen. Wenn es immer länger dauert, dann notieren Sie diese Minuten und hängen Sie sie an das Ende der Stunde. Danach wird es nicht mehr länger dauern. Aber auch das Ende wird von Ihnen vorgegeben. Lassen Sie es nicht zu, dass die Schüler*innen vorher aufstehen, zusammenpacken oder zur Tür gehen. Sie sind der Boss im Klassenzimmer und Sie erklären eine Stunde für beendet und nicht die Schüler*innen. Ihre Worte sind wichtig und sollen wahrgenommen werden, wenn sie nicht wichtig sein würden, dann müssten Sie sie nicht sagen. Es spricht auch nichts dagegen, eine Stunde vor dem eigentlichen Ende zu beenden, wenn die Schüler*innen sich gut verhalten, mitgearbeitet und Sie den Stoff für die Stunde geschafft haben. Beachten Sie dann bitte, dass Sie die Schüler*innen beaufsichtigen und für Ruhe sorgen müssen. Anfang und Ende der Stunde zu beherrschen, zeigt, dass Sie die Person sind, die das Heft in der Hand hat. Wenn die Schüler*innen dies bestimmen, dann bestimmen sie auch andere Teile des Unterrichts und das wollen Sie mit Sicherheit nicht. Der Beginn und das Ende sind sozusagen der Rahmen des Unterrichts. Ist dieser geregelt und gerade, so ist das eine große Hilfe für den Unterricht selbst. Ist der Rahmen hingegen schief, läuft auch der Unterricht schneller aus dem Ruder.

Innere und äußere Störungen

Sie können mit zwei verschiedenen Arten von Störungen in Ihrem Unterricht konfrontiert werden. Die erste Art der Störungen sind solche, die von außen kommen. Das kann sowohl eine Biene sein, die durch das geöffnete Fenster in die Klasse hineinfliegt, als auch die Lautsprecherdurchsage, die auf eine kommende Regenpause hinweist. Solche Störungen können kurzfristig sein, aber auch so gravierend, dass sie ein weiteres Unterrichten unmöglich machen. Innere Störungen entstehen durch Konflikte und Probleme in der Klassengemeinschaft oder Ihr Verhalten im Unterricht.

Stärke der Störungen

Hier unterscheidet Gerold E. Becker, 1983, zwischen vier verschiedenen Stärken. Der geringste Konflikt ist ein Scheinkonflikt, der aus einem Missverständnis heraus entstehen kann und innerhalb kürzester Zeit beendet ist. Dann kann es passieren, dass der Unterricht kurz unterbrochen wird, sich alle jedoch

Von Auffälligkeiten bis Störungen

nach kurzer Zeit dem zuwenden, was sie eigentlich tun sollen. Solche Störungen können zum Beispiel ein herunterfallender Bleistift sein, ein kurzes Gekicher oder auch eine Person, die in die Klasse kommt. Solche Störungen, auch Randkonflikte genannt, kann und sollte man einerseits ignorieren, ihnen andererseits nur dann Beachtung schenken, wenn sie stärker werden und an Intensität zunehmen. So kann der Bleistift zu einem Streit ausarten, der den Schuldigen des Herunterfallens oder den Besitzer sucht. Es kann zu weiteren fallenden Gegenständen kommen, zu Diskussionen und so weiter. Hier ist es an Ihnen, dies im Keim zu ersticken.

Passiert das nicht, so ergibt sich eine Störung, die den Unterricht zum Stocken bringt, einen sogenannten Zentralkonflikt. Schüler*innen streiten sich miteinander und beeinträchtigen so den Lehr-Lernprozess erheblich. Andere werden mit in den Konflikt hineingezogen und unterbrechen dadurch ihre Arbeit. Auch Ihr Plan, Ihr Vorgehen gerät durcheinander, weil Sie sich nun mit einem anderen Problem beschäftigen müssen. Der Unterricht wird gestört. Doch nach dieser Unterbrechung ist es möglich, weiterzuarbeiten.

Die vierte Ebene ist erreicht, wenn eine Fortführung des Unterrichts nicht möglich ist und es auch dauerhafte Beeinträchtigungen nach sich zieht. Dies ist ein Extremkonflikt. Dies ist erreicht, wenn die Zustände nicht mehr auszuhalten sind, jemand schreit, Schüler*innen handgreiflich werden, jemand beleidigend wird. Verlassen mehrere Personen ihren Arbeitsplatz, um das Geschehen besser begutachten zu können und greifen eventuell noch ein, so ist der Unterricht ins Gegenteil gekehrt worden.

Machen Sie sich klar, dass jeder noch so kleine Konflikt zu einem solchen werden kann. Handeln ist zwingend notwendig.

Wer stört?

Wenn man die meisten Lehrkräfte fragt, wer eigentlich den Unterricht stört, so wird die Antwort in der Regel sein, dass es die Schüler*innen sind, die stören. Fragt man wiederum diese, so kann die Reaktion anders aussehen. Versetzen Sie sich in die Situation der Schüler*innen. Manche, meistens sogar eher viele, sind wissbegierig und möchten lernen. Doch zu lernen bedeutet nicht, immer und ständig das zu tun, was einem vorgegeben wird. Es muss auch Raum für eigene Gedanken geben. Hier können Lehrkräfte stören. Menschen, die gestört werden, reagieren aggressiv und dies gilt natürlich auch für Schüler*innen. So kann auch die Reaktion von Kindern, die den Unterricht stören, eine Reaktion auf die Störung der Lehrkraft vorab sein. Haben sich die Schüler*innen jedoch mit etwas anderem als dem Unterricht beschäftigt, so ist das völlig in Ordnung! Hier kann die Lehrkraft sogar mit einem Augenzwinkern darauf hinweisen, dass er*sie stören möchte. Arbeiten Sie daran, dass Ihre Störungen nicht überhandnehmen. Unterbrechen Sie keine Arbeiten, sondern legen Sie von Anfang an einen Zeitrahmen fest.

Dann stören vielerlei äußere Einflüsse, jemand trampelt oben herum. Türen werden geknallt, die besagte Biene verirrt sich im Klassenzimmer, die Sekretärin stört, weil sie etwas klären muss, die Feuerwehr fährt draußen vorbei, es gewittert. Es gibt eine Menge äußerer Einflüsse, die stören können und gegen die Sie nicht das Geringste unternehmen können. Allerdings können Sie die Reaktion der Schulkinder beeinflussen. Entdeckt jemand eine Spinne im Klassenzimmer und schreit los, Sie entfernen diese Spinne aber einfach so, dann bringt Ihnen das eine Menge Pluspunkte. Wer mit einem solchen Wesen umgehen kann, der kann eine Klasse pubertierender Schüler*innen einfach handhaben. Holen Sie jedoch erst einmal den Hausmeister und holt der wiederum Besen und sonstiges Arbeitszeug, so können Sie die Stunde vergessen. Fahren bei Ihnen mehrfach Feuerwehr, Krankenwagen oder Polizei vorbei und stören damit den Unterricht, so kann das Kind, das aufgesprungen ist oder auf das Fahrzeug aufmerksam machen musste, eine besondere Aufgaben bekommen (z. B. ein Wort mehrfach auf die Rückseite der Tafel schreiben). Handelt es sich um ein seltenes Erlebnis, so ist es besonders für jüngere Schüler*innen tatsächlich ein Erlebnis, das Sie zulassen dürfen.

Und dann gibt es noch die Störungen, die von den Schüler*innen selbst ausgelöst werden. Diese sind aber auch nur Störungen wie alle anderen auch. Sie sind manchmal gegen Sie gerichtet, entstehen oft aus der Situation und zu einem großen Teil auch aus Langeweile heraus.

Von Auffälligkeiten bis Störungen

Lärm bekämpfen?

In diesem Zusammenhang muss geklärt werden, was Lärm eigentlich bedeutet. Lärm ist immer negativ besetzt, ebenso das Wort Krach. Geräusch hingegen ist neutraler. Darum verwenden wir hier zunächst einmal das Wort Geräusch. Wenn mehrere Menschen in einem Raum sind, so ist es nie leise. Dennoch sollte das Arbeiten in diesem Raum möglich sein. Das gilt auch für die Schule. Wichtig ist dabei nur, dass Sie im Blick behalten, wo Ihre Geräuschtoleranzgrenze endet. Können Sie es ertragen, ein Gemurmel im Klassenraum zu haben, wenn Stillarbeit gemacht werden soll? Oder müssen alle Schüler*innen ganz leise sein? Wie laut dürfen die Kinder bei Partnerarbeit sein und wann ist es Ihnen zu laut? Wie ist es mit Ihren Schüler*innen? Können hier alle die Geräuschkulisse ertragen? Ist es für einige zu laut? Kann es helfen, wenn die Kinder sich auf den Flur setzen? Oder richten Sie „Leisearbeitsplätze" ein? An diesen Arbeitsplätzen liegen Arbeitsohrenschützer, die die Lautstärke minimieren. So können einzelne Schüler*innen beim Arbeiten abschalten. Machen Sie auch von Zeit zu Zeit Stilleübungen mit Ihrer Klasse und sprechen Sie darüber, was sie erlebt haben. Nur wer weiß, was Stille ist, kann diese auch erleben und ihr eine Bedeutung beimessen. Aber noch etwas ist wichtig: Maria Montessori war eine große Verfechterin von Stilleübungen. Sie sagte, dass man Lärm nicht mit Lärm bekämpfen kann. Man kann es mit Feuer vergleichen. Feuer kann man auch nur unter bestimmten Umständen mit Feuer bekämpfen. Man kann eine Schneise schlagen und das Feuer sich so ausbrennen lassen. In einer trainierten Klasse reicht es, wenn Sie sie sich hinstellen und eine bestimmte Bewegung machen. In der Grundschule können es ein Zeigefinger auf den Lippen und eine erhobene Hand sein. Das wirkt an der weiterführenden Schule schnell lächerlich. Da reicht es auch, die Arme zu verschränken und Präsenz zu zeigen. Die Schüler*innen sollen, sobald sie das sehen, alles einstellen, die Bewegung kopieren und zu Ihnen schauen.

Ein paar Fakten

Nach Rainer Winkler, 2009, gibt es einige Faktoren, die Unterrichtsstörungen beeinflussen. Und diese liegen im System Schule selbst begründet. Der Unterricht wird alle 2,6 Minuten gestört. Der größte Anteil der gesprochenen Worte liegt zudem bei der Lehrkraft, nämlich 60 %. Die Schüler*innen haben zusammen nur einen Sprechanteil von 40 %. Damit bleiben dem einzelnen Kind 1–2 % des Sprachausmaßes im Unterricht. Jedes Kind kann im Schnitt alle zwei Tage eine Frage an die Lehrkraft stellen, die ihn wirklich interessiert. Im gleichen Zeitraum werden an die Lerngruppe und somit an das einzelne Klassenmitglied ca. 800 Fragen gestellt. Allein vom Hören wird schnell klar, dass an irgendeinem Punkt jedes Kind überfordert ist und diese Anstrengung durch Störungen zeigt. Wer nun sagt, dass jeder da einfach durchmuss, der soll sich bitte einmal die Frage stellen, ob man nicht etwas verändern und den eigenen Unterricht so anpassen kann, dass man sich von diesem Bild ein wenig wegbewegt.

Beispiele für Störungen

Es gibt akustische Störungen. Jemand klackt mit einem Bleistift, ein anderer trommelt auf einem Tisch herum. Diese Art von Störungen kann ziemlich provozieren, nicht nur Sie, sondern auch die Schüler*innen. Diese Störung muss nicht nur von Schüler*innen ausgehen, sie kann auch von Ihnen verursacht werden und wiederum die Schüler*innen stören, die dann ihrerseits weitere Störungen verursachen. Motorische Störungen können dadurch zum Ausdruck gebracht werden, dass jemand kippelt. Eine Person steht ständig auf oder wackelt mit Gegenständen herum. Es kann sich dabei auch um Kaugummikauen handeln oder das Herumbeißen auf einem Stift. Das stört jemanden, der das beobachtet. Achten Sie aber auch auf sich. Und beobachten Sie sich wirklich. Tigern Sie wie wild durch das Klassenzimmer, als ob sie den Ausgang suchen? Laufen Sie rückwärts gegen den Kartenständer oder fahren Sie sich alle paar Minuten durch die Haare? Das sind Ausdrücke von Stress, aber dieser Stress überträgt sich durch Ihre Motorik auf die Schüler*innen, ebenso wie Sie genervt sein können, wenn vor Ihnen ein Kind ständig auf- und abwippt. Geistige Abwesenheit kann den Unterricht schon ins Stocken bringen. Je nachdem, wie man damit umgeht, kann diese Störung den Unterricht schwer oder weniger schwer beeinträchtigen. Aggressionen gegen sich selbst, gegen Gegenstände oder auch gegen andere Schüler*innen sind eine Störung, die nicht gebilligt werden kann. Dies muss sofort unterbunden werden. Notfalls muss das Kind zeitweise

Von Auffälligkeiten bis Störungen

aus der Klasse entfernt werden. Es ist ein großes Problem, wenn sich Schüler*innen verweigern. Durch diese Haltung können sie den Unterricht nachhaltig stören und andere dazu bringen, sich ebenso zu verhalten. Fängt ein Kind damit an und bekommt keine Konsequenzen zu spüren, so folgen andere. Eventuell haben Sie auch noch Verstöße gegen die Hausordnung zu ahnden. Hat zum Beispiel ein Kind auf dem Schulgelände geraucht, ist das keine Sache für den Unterricht, sondern für ein Einzelgespräch. Sind mehrere Schüler*innen betroffen, so sollte mit diesen außerhalb des Unterrichts geredet werden. Das gleiche gilt, wenn Schüler*innen nach der Pause sehr aufgewühlt in die Klasse kommen. Lediglich die betroffenen Personen müssen dann zu einem späteren Zeitpunkt miteinander reden.

So nicht!

Sie haben das sicherlich aus der eigenen Schulzeit in Erinnerung. Eine Lehrkraft, die meistens auch sehr oft geärgert wird, erklärt den Schüler*innen, dass es so nicht weitergeht und beim nächsten Mal Maßnahmen eingeleitet würden. Das passiert jedoch nicht und beim nächsten Mal werden wieder irgendwelche nicht näher genannten Maßnahmen angedroht, die natürlich auch nie durchgezogen werden. Wenn Sie Maßnahmen androhen, dann führen Sie die auch durch, selbst wenn Sie merken, dass diese nicht gut überlegt waren, denken Sie sich für das nächste Mal bessere aus. Drohen Sie an, die Eltern anzurufen, dann rufen Sie die Eltern an. Drohen Sie an, jemand müsse etwas abschreiben, dann lassen Sie ihn schreiben. Denken Sie sich aber bitte für die kommenden Verstöße etwas Besseres aus. Seien Sie *konsequent*.

Wenn Sie mehr Zeit für die disziplinarische Maßnahme verwenden, als der Verstoß selbst eingenommen hat, dann ist die Strafe unverhältnismäßig. Das wird schnell als unfair empfunden und führt zu weiteren Störungen. Handeln Sie *angemessen*. Es bringt auch nicht sehr viel, wenn die Maßnahmen mehr einen strafenden Charakter als den einer Schadensbehebung haben. Spuckt ein Kind zum Beispiel mit voller Absicht an die Tafel, so ist es nicht sinnvoll, dieses Kind die Hausordnung abschreiben zu lassen. Es wäre viel sinnvoller, das Kind die Tafel reinigen zu lassen. Wählen Sie Maßnahmen zur *Schadensbegrenzung*. Nehmen Sie einmal an, dass drei Schüler*innen das frisch angelegte Schulbeet zertrampelt haben. Das ist natürlich ärgerlich, zumal schnell klar wird, dass dies absichtlich geschehen ist. Nun muss das erste Kind das Beet allein wiederherrichten. Das zweite muss die Hausordnung drei Mal abschreiben und das dritte wischt nach dem Unterricht die Tafel. Das, was das erste Kind tun muss, macht Sinn, der Rest eher nicht. Außerdem wird hier dieselbe Fehlleistung unterschiedlich geahndet. Ähnlich wäre es, wenn drei Schüler*innen die Hausaufgaben vergessen, in einem Fall nichts passiert, beim nächsten dann eine Strafarbeit anfällt und beim anderen die Hausaufgaben von den Eltern unterschrieben werden müssen. Vergeben Sie *einheitliche* Maßnahmen. Schüler*innen fühlen sich auch unverstanden und nicht ernst genommen, wenn ein Konflikt immer wieder neutral abgebrochen wird. Zum Beispiel wird ein Kind immer wieder geärgert und sucht Hilfe. Die Pausenaufsicht weist es aber immer wieder ab und sagt, es möge einfach in eine andere Richtung gehen. Nehmen Sie Schüler*innen *ernst*.

Mögliche Erziehungsmaßnahmen

Natürlich ist jedem klar, dass viele Konflikte erst gar nicht entstehen sollten, aber es ist menschlich, dass im Zusammenleben Konflikte vorhanden sind. Mal sind es stärkere Konflikte, mal weniger starke. Je nachdem müssen Sie als Lehrkraft reagieren.

Zeitlich begrenztes Einbeziehen von Gegenständen: Schädigt ein Kind sich und/oder andere durch Gegenstände, so können diese zeitlich angemessen einbehalten werden. Die Dauer und Art ist unterschiedlich. Ein Bleistift, mit dem jemand geärgert wird, kann eine Stunde einbehalten werden (Gespräch notwendig!), gleiches gilt für Lineale, die als Abschussvorrichtung genutzt werden, oder Ähnliches. Essen, das im Unterricht (ohne Genehmigung) verspeist werden soll, kann bis zur nächsten Pause gelagert werden, Spielzeuge bis zum Ende des Tages, Handys je nach Verstoß und Regeln der Schule. Ist in der Schule festgelegt, dass störende Handys einbehalten und von Eltern abgeholt werden müssen, so ist das in Ordnung. Ist es das nicht, muss das Telefon am Ende des Tages wieder ausgehändigt werden. Taschenkontrollen sind nicht erlaubt – dazu muss die Polizei gerufen werden.

Von Auffälligkeiten bis Störungen

Das gilt eigentlich auch, wenn ein Gegenstand nicht freiwillig herausgegeben wird. Schaffen Sie es nicht, das Kind allein dazu zu bringen, holen Sie eine andere Lehrkraft dazu, die eventuell respekteinflößender ist.

Klassenbucheinträge: Dies ist eine gern genutzte Strafe. Sie dient der Dokumentation, mehr aber nicht. Ansonsten sind sie oft Anlass zur Erheiterung. Meistens werden die Probleme hier im Affekt aufgeschrieben und führen dann dazu, dass sie genauso klingen. Notieren Sie sich Fehlverhalten besser auf andere Weise, die nur für Sie sichtbar ist.

Ermahnungen: Die Lehrkraft weist auf einen Missstand hin.

Mündlicher Tadel: Die Lehrkraft ermahnt und spricht einen mündlichen Tadel aus.

Umsetzen in der Klasse: Kann kurzfristig eine Lösung sein, leider leiden unter dieser Aktion oft die ruhigen und freundlichen Schüler*innen, denn neben sie werden gern Störenfriede gesetzt.

Schadensregulierung: Wer etwas beschädigt oder gestört hat, muss es wieder gutmachen. Kaut zum Beispiel ein Kind Kaugummi, klebt es dann unter den Tisch und wird dabei erwischt, so wäre es eine Möglichkeit, diesem die Aufgabe zu geben, die Kaugummis unter den Tischen zu entfernen. Wer Müll auf den Schulhof wirft, muss Müll aufsammeln. Wer Stühle in der Klasse umschmeißt, muss am Ende des Tages länger bleiben und Stühle hochstellen. Natürlich muss auf den Busfahrplan der betroffenen Schüler*innen geachtet werden.

Nachholen des Versäumten: Hat ein Kind aus einem selbst verschuldeten Grund (Verspätung, Störung, Materialien nicht beisammen etc.) Unterricht versäumt, so kann angeordnet werden, dass es diesen nachholt. Soll es nach dem Unterricht geschehen, so müssen unbedingt die Eltern informiert werden. In manchen Bundesländern muss zwischen der Benachrichtigung und dem Nachholtermin Zeit liegen!

Gespräch mit dem*der Schüler*in: Einzelgespräche bringen eine Menge. War ein*e Schüler*in vorab noch so mutig, so wird die Person in einem Einzelgespräch oft sehr schnell einsichtig. Manchmal fehlt das Publikum, manchmal kommen auch Probleme zutage, die Ihnen gar nicht bekannt waren. Dann können Sie hier ansetzen.

Verweis in eine andere Lerngruppe: Sprechen Sie sich mit einem oder besser noch mit mehreren Kolleg*innen ab, dass Sie Schüler*innen, die wirklich stören, in eine andere Klasse schicken können. Umgekehrt müssen Sie in einem solchen Fall natürlich auch Schüler*innen bei sich aufnehmen. Die einzige Schwierigkeit dabei ist, einen Weg zu finden, wie die Schüler*innen sicher in der anderen Klasse ankommen. Denn Sie sind für den Weg verantwortlich.

Wenn gar nichts mehr hilft, so kann ein Kind für eine längere Zeit oder dauerhaft in eine parallele Lerngruppe versetzt werden.

Gespräch mit den Eltern: Eltern außerhalb eines regulären Sprechtermins in die Schule zu laden, hat immer etwas sehr Unangenehmes. Ziel ist es aber nicht, die Eltern als Gegner anzusehen, sondern zu Partnern zu machen. Damit gewinnen Sie mehr!

Direktes Reagieren

Hier gibt es eine einfache Faustregel. Spielt ein Kind z. B. mit einem Geodreieck und einem Füller Flugzeug und Sie sehen das, dann gehen Sie hin, nehmen es ihm (möglichst überraschend) aus der Hand und legen es auf Ihren Tisch. Dabei brauchen Sie keine Worte zu verlieren und auch sonst nichts zu tun. Kippelt ein*e Schüler*in auf dem Stuhl, legen Sie ihm oder ihr eine Hand auf die Schulter. Das sind einfache Vorgehensweisen. Kommt es jedoch zu schwierigen Störungen, so versuchen Sie diese zunächst im Keim zu ersticken. Schicken Sie die störenden Person in eine andere Lerngruppe oder ergreifen Sie ähnliche Maßnahmen. Suchen Sie danach das Gespräch. Können Sie dies nicht allein, bitten Sie eine andere Person um Hilfe, die das Gespräch zwischen Ihnen moderiert. Handeln Sie aber nie im Affekt. Vermeiden Sie spontane und vor allem unüberlegte Reaktionen gegenüber Schüler*innen. Bleiben Sie stets ruhig!

Von Auffälligkeiten bis Störungen

Ursachen und Lösungsansätze

Sie sind eine Lehrkraft. Lehrkräfte gelten in der Regel als Wissensvermittler*innen, doch Sie sind auch gleichzeitig und mindestens zu einem ebenso großen Maße Pädagoge oder Pädagogin. So vermitteln Sie nicht nur Wissen, sondern helfen Ihren Schüler*innen auch dabei, einen Weg zu finden, erwachsen zu werden. Das beinhaltet auch, einen Platz in der Gesellschaft zu finden. Zunächst muss natürlich ein Platz in der Lerngruppe gefunden werden. Das Kind muss lernen zu arbeiten und darauf vorbereitet werden, sich zu organisieren etc. Schauen Sie einfach mal im Lehrplan unter Kompetenzen nach, die erworben werden müssen, sie werden feststellen, dass Ihnen dagegen die Vermittlung Ihres Stoffs leicht vorkommt. Um sich in der Gemeinschaft zurechtzufinden, müssen gewisse Spielregeln beachtet werden, gegen die man in der Schule gern verstößt. Zum einen gehört das dazu. Denken Sie einmal an die eigene Schulzeit zurück und Sie werden zustimmen. Wichtig ist nur, dass niemand zu Schaden kommt und auch alle Beteiligten Spaß haben. Wenn Sie *Spaß* an den Scherzen haben, dann zeigen Sie dies den Schüler*innen auch und lachen gemeinsam! Das verbindet und hält die Schüler*innen auch davon ab, gemeine Streiche zu spielen.

Nun kann es aber zum anderen auch ganz andere Ursachen haben, wenn Schüler*innen den Unterricht stören. Eine davon kann ein Ruf nach *Aufmerksamkeit* sein. Kann es sein, dass Sie sich nur dann um ein bestimmtes Kind kümmern, wenn es den Unterricht stört, weil es sonst nicht viel zum Unterrichtsgeschehen beitragen kann? Versuchen sie doch mal, ihn für jeden noch so kleinen Fortschritt zu loben. Selbst ein Satz wie „Danke, dass du gleich angefangen hast, zu arbeiten!" kann Wunder bewirken. Stellen Sie auch positive Leistungen vor der Klasse als gelungen dar.

Es kann aber auch sein, dass der Unterricht *langweilig* und uninteressant ist. Das bemerken Sie darin, dass die Störungen eher nicht gegen Sie gerichtet sind und stattdessen auf andere Beschäftigungen abzielen. Beobachten sie Kolleg*innen auf einer Konferenz, die benehmen sich genauso und beschäftigen sich mit etwas anderem. Wenn Sie dieses Verhalten beobachten, dann prüfen Sie Ihren Unterricht kritisch und überarbeiten Sie ihn. Bauen Sie Bewegungspausen ein. Wechseln Sie die Unterrichtsform oder einfach nur die Position in der Klasse. Ihnen steht nicht nur die Tafel vorne zu Verfügung, arbeiten Sie ebenso an den Seiten des Raumes.

Die Stunde vorab war sehr anstrengend. Das kann mal vorkommen. Wenn vor Ihrer Stunde eine Stunde Mathematik liegt, die sehr schwer war, dann merken Sie das. Sie merken aber auch die Schwimmstunde, nach der viele Kinder Wasser im Ohr haben. Reagieren Sie entsprechend darauf.

Vielleicht ist es auch die *Art und Weise* Ihres Unterrichts, die die Schüler*innen einfach nicht passend finden. Das kann passieren, wenn Sie Grundschüler*innen wie Erwachsene behandeln oder bei Zehntklässler*innen Grundschulniveau in Ihren Unterrichtsstil legen. Ändern Sie das.

Fehlt der *Sinn für die Akzeptanz des schulischen Unterrichts,* so ist es ein wenig schwerer für Sie. Hier sind Gespräche mit dem Kind und auch mit den Eltern mehr als notwendig. Zeigen Sie der betroffenen Person, dass sie Ihnen wichtig ist und dass Sie sich um sie sorgen und kümmern. So kann ein Weg zu einer Problemlösung gefunden werden.

Kommt das Kind nicht mit Ihnen klar und *lehnt Sie ab,* so sollten Sie sich Hilfe von außen holen. Vielleicht kann eine andere Lehrkraft, die vom Kind gemocht und akzeptiert wird, vermitteln. Auch der schulpsychologische Dienst ist in solchen Fällen eine geeignete Adresse. Ziel muss es hier sein, dass das Kind akzeptiert, dass Sie und es keine Freunde sind – was auch gar kein erstrebenswertes Ziel ist –, sondern Arbeitspartner*innen. Mit dem*der Zahnarzt*Zahnärztin muss man auch nicht befreundet sein, um sich behandeln zu lassen. Selbstverständlich soll die Angst vor Ihnen nicht so groß sein, wie die vor einer Zahnbehandlung, doch das Verhältnis wird klar.

Und dann gibt es noch *persönliche Probleme* der Schüler*innen, die zu Unterrichtsstörungen führen können. Während der Schulzeit sind die Kinder allein körperlich vielen Problemen ausgesetzt, die bei den einen stärkere Stimmungsschwankungen auslösen als bei anderen. Außerdem kommen Einflüsse von außen dazu. So können im Laufe der Schulzeit viele Dinge wichtiger sein: Trennung von Eltern, fehlende Eingliederung in der Gruppe, Wachstum, Pubertät, Krankheit, Existenzängste, Mobbing, Gewalt

Von Auffälligkeiten bis Störungen

zu Hause usw. Haben Sie auch hier ein offenes Ohr für Ihre Schüler*innen und suchen Sie das (Einzel-)Gespräch. Sagen Sie niemals das, was Ihnen im Vertrauen gesagt wurde, in der Klasse weiter.

Nichts geht mehr
Egal wie gut Sie sich in Schüler*innen hineinversetzen können, egal wie gut Ihr Verhältnis ist, Sie werden irgendwann an einen Punkt kommen, an dem Sie nicht mehr weiterwissen. Vielleicht hat Ihnen ein Kind etwas anvertraut (Misshandlung, Vernachlässigung, Drogenmissbrauch etc.) und Sie wissen einfach nicht, was Sie tun sollen. Sie finden diese Schüler*innen, die dringend Hilfe brauchen, meist öfter unter den Störenden. Einige stören durch auffällige Handlungen, andere durch Abwesenheit. Das heißt nicht, dass jedes Kind mit gravierenden Problemen zum Störer wird und es heißt auch nicht, dass jeder Störer gleich Probleme hat, doch ihr Anteil unter den störenden Schüler*innen ist hoch. Sie können den Schüler*innen keine Patentlösung anbieten. Sie können auch nicht dessen Elternhaus stürmen und das betroffene Kind herausholen. Das, was Sie können, ist zuhören und dadurch zeigen, dass Sie es und dessen Probleme ernst nehmen. Oft ist das Zuhören und das Ernst-genommen-Werden ein erster Weg, eine Lösung zu finden. Liegt zum Beispiel ein Missbrauch vor, so wird das Opfer Ihnen dies nicht beim ersten Mal erzählen. Würden Sie das Kind direkt darauf ansprechen, so würde es den Vorfall vermutlich auch nicht zugeben. Wenn Sie einen Verdacht haben, reden Sie zuerst mit Kolleg*innen und der Schulleitung. Ansonsten suchen Sie eine Beratung auf. Hier gibt es Personen, die wissen, wie sie damit umgehen müssen. Hilfe finden Sie bei Beratungsstellen, beim Jugendamt oder der Polizei. Wenn Sie einen Verdacht haben, äußern Sie sich bitte auch so. Wenn ein Schüler oder eine Schülerin Sie zur Verschwiegenheit verpflichtet hat, dann überzeugen Sie die Person davon, dass Sie Außenstehende um Hilfe bitten dürfen. Tun Sie das nicht, kann das Kind sich verraten fühlen und öffnet sich nicht wieder.

Auffälligkeiten
Es gibt jedoch auch noch andere Auffälligkeiten, die Sie im Auge behalten müssen. Es kann zum Beispiel sein, dass Sie ein Kind in der Klasse haben, das Ihnen zwar recht fit vorkommt und sich mündlich sehr gut äußern kann, doch in dem Moment, in dem es etwas lesen oder schreiben soll, verweigert es die Mitarbeit. Oder jemand rechnet einfach nicht mit. Sie haben vielleicht auch jemanden, der einfach nicht still sitzen kann oder jemand scheint ohne böse Absicht einfach immer vom Stoff abzudriften – es gibt vielfältige Auffälligkeiten und Sie könnten geneigt sein, die ein oder andere Diagnose zu stellen. Doch hier ist Vorsicht geboten! Sie können Symptome erkennen und diese Informationen weitergeben. Sie können jedoch keine Diagnosen stellen und selbst wenn Sie es könnten, dann dürften Sie das nicht, denn Sie sind kein*e Arzt*Ärztin. Diagnosen wie LRS, AD(H)S usw. dürfen nur von Ärzten und Ärztinnen gestellt werden.
Nehmen wir ein anderes Beispiel. Sie haben schon drei Leute erlebt, die einen gereizten Blinddarm hatten. Bei der einen Person hat ein wenig Ruhe geholfen und alles war vorbei. Die andere Person wurde schnell operiert und die dritte Person kam fast zu spät in den OP und stand kurz vor einem Blinddarmdurchbruch. Wenn nun eine Person mit den typischen Bauchschmerzen zu Ihnen käme, dann würden sie vielleicht dazu raten, sich untersuchen zu lassen. Ebenso ist es mit den oben angegebenen Diagnosen. Ganz genau genommen dürfen Sie den Eltern weder eine*n *Ärztin*Arzt empfehlen, noch dürfen Sie ihnen überhaupt vorschreiben, eine Praxis aufzusuchen – das muss von den Eltern selbst kommen. Aber Sie können auch hier das Gespräch in die Richtung lenken, die einen gewünschten Erfolg bringen kann. Infos dazu finden Sie in dem Kapitel zu den „Elterngesprächen".

Anders ist normal
Wie schon im Kapitel zum Thema „Inklusion" erklärt wurde, ist es normal, anders zu sein und das bedeutet auch, dass Schüler*innen, die besondere Bedürfnisse haben, eine besondere Behandlung bekommen können. Schüler*innen, die bekannterweise unruhiger sind, müssen, um diese Unruhe steuern zu können, besondere Bewegungsmöglichkeiten erhalten. Ist dies nicht der Fall, so beginnen diese Kinder zu kippeln, aufzustehen und Unruhe in die Klasse zu bringen. Dies kann durch einen veränderten Arbeits-

Von Auffälligkeiten bis Störungen

platz, durch mehr Platz und durch mehr Bewegungspausen aufgefangen werden. Jemand, der geräuschempfindlich ist, darf in Einzelarbeitsphasen an einem ruhigeren Platz arbeiten und auch teilweise etwas tragen, das die Ohren vor Lärm schützt. Damit dies für andere Schüler*innen nicht komisch wirkt, dürfen sie dies auch einmal ausprobieren. Damit ist das Anderssein nicht mehr so anders. Versuchen Sie so, Störungsquellen zu minimieren.

Stilleübungen

In Grundschulen können Sie diese Übungen sofort durchführen, in weiterführenden Schulen wird man Sie eher schief anschauen, es sei denn, Sie haben einen recht guten Kontakt zu den Schüler*innen. Mit Stilleübungen können Sie ganzen Klassen zeigen, wie wohltuend Stille sein kann. Die Schüler*innen (und auch wir Erwachsenen) haben teilweise gar kein Empfinden mehr dafür, denn sie werden in der Freizeit beschallt, sei es von eigenen Geräten oder auch von Geräten in Kaufhäusern, vom Lärm der Straße usw. Vor der Schule erfolgt der Transport im Schulbus, da ist es laut. In der Schule ist es ebenfalls laut, auch in Essräumen etc. ist es immer laut. Da ist es kein Wunder, dass Schüler*innen versuchen, mit Lautstärke zu agieren. Machen Sie das, was Maria Montessori vorschlägt (bei der es vor 100 Jahren sicherlich noch nicht so laut war), und nutzen Sie die Stille. Machen Sie diese Übung zum ersten Mal, so stellen Sie Stühle im Kreis auf, setzen sich auf einen Stuhl und deuten den hineinkommenden Schüler*innen an, es Ihnen gleichzutun. Deuten Sie nur mit Gesten an, dass sich die Schüler*innen ebenfalls hinsetzen und leise sein sollen. Schauen Sie die Schüler*innen, die laut sind, direkt an. Warten Sie, wenn alle Schüler*innen leise sind, fünf Minuten (ungefähr) ab und lösen Sie dann alles auf. Sie werden merken, dass die Klassenlautstärke danach abnimmt. Nach ein paar dieser Übungen können Sie die Schüler*innen fragen, was sie denn wahrgenommen haben? Sie werden überrascht sein.

Ganz wichtig

Nehmen Sie Störungen ernst und schauen Sie, in welche Kategorie sie fallen. Liegt es an Ihnen, so ändern Sie Ihren Unterricht. Liegt es an den Schüler*innen, so klären Sie die Ursache. Vergessen Sie aber auch nicht Ihren Humor und lachen Sie über gute Scherze. Das fördert das gute Verhältnis zwischen Ihnen und den Schüler*innen.

Wenn Sie an einem Punkt angelangt sind, an dem Sie nicht mehr weiterwissen, holen Sie sich Hilfe. Sie können nicht alles können und Sie brauchen Unterstützung, besonders am Anfang!

Weitere Informationen für Sie

J. Boelmann, T. Roberg, D. Sawatzki, D. Schlechter, J. Schneider: Erziehungs- und Ordnungsmaßnahmen sinnvoll einsetzen – Das Praxisbuch: Profi-Tipps und Materialien aus der Lehrerfortbildung, Auer Verlag 2013.

C. Rattay, J. Schneider, R. Wensing, O. Wilkes: Unterrichtsstörungen souverän meistern – Das Praxisbuch: Profi-Tipps und Materialien aus der Lehrerfortbildung, Auer Verlag 2018.

Alle machen etwas anderes

Individuelle Förderung in heterogenen Klassen

Wir haben keine Normkinder in den Klassen und jedes ist anders, heute mehr denn je. Und das ist gut, denn unsere Gesellschaft lebt davon, dass sie möglichst heterogen ist. Nur so können sich neue Ideen entwickeln, so kann die Gesellschaft wachsen und sich verändern. Eine genormte Gesellschaft kann das nicht. Schüler*innen sollen auch nicht zum gleichförmigen unkritischen Handeln erzogen werden, sondern sie müssen lernen, ihren eigenen Weg zu finden und eigenständig zu lernen. Und das klappt nur, wenn nicht alle Schüler*innen das Gleiche auf gleichem Weg tun.

Arbeit im Buch/Arbeitsheft

Manche Arbeitshefte und auch Bücher sind so aufgebaut, dass einzelne Aufgaben Zusatzaufgaben sind und von Schüler*innen behandelt werden, die auf einem höheren Niveau arbeiten. Eigentlich ist das eine tolle Idee, die angedachte Differenzierung reicht aber leider oft noch nicht aus. Zusatzaufgaben für diejenigen, die besser sind, mögen nur die wenigsten Schüler*innen wirklich. Warum sollen Sie etwas mehr erledigen, wenn Sie schon fertig sind? Auch besteht die Gefahr, dass Eltern als gut gemeinte Übung ihre Kinder genau die Aufgaben nacharbeiten lassen, die in der Schule nicht geschafft wurden. Erklären Sie also nicht nur den Schüler*innen die Aufgaben und die möglichen Differenzierungen, sondern auch den Eltern. Und sorgen Sie für vielseitige Differenzierungsangebote, über die Schulbücher hinaus: Bieten Sie zusätzlich gezielte Hilfsmittel für die Schüler*innen an, die noch Probleme haben, und besonders kreative Aufgaben für fitte Schüler*innen.

Unterschiedliche Aufgaben – gleiche Lösungen

Viel besser ist es, wenn Sie selbst die Aufgaben erstellen. Das macht viel Arbeit, Sie können Sie jedoch perfekt auf Ihre Lerngruppe anpassen. So können Sie zum Beispiel Fragen zu einem Text stellen. Der Text kann für einige Schüler*innen an den Stellen unterstrichen sein, wo sie die Antworten finden können. Für weitere Schüler*innen können die Sätze, die die Antworten bilden, als Lückentext dort stehen. Es können einzelne Wörter als Buchstabensalat vorgegeben sein. Oder die Wörter des Satzes werden durchgemixt. In Abstufungen kann die Lösung also immer einfacher werden. Kritiker sagen dazu, dass das unfair sei. Aber ist es nicht genauso unfair, einem Kind eine Aufgabe zu stellen, die es definitiv nicht lösen kann? Ziel muss es sein, dass alle die Aufgabe mit etwas Anstrengung gerne bewältigen können. Dabei darf nicht zeitlich, sondern es muss inhaltlich differenziert werden. Natürlich sollen alle lesen lernen, doch manche Schüler*innen können dies einfach noch nicht zu dem Zeitpunkt, an dem es andere bereits können. Damit wird nahezu jede Aufgabe zu einer unlösbaren, egal in welchem Fach. Suchen Sie nach Lösungen, die es diesen Schüler*innen ermöglichen, dem Unterricht trotzdem zu folgen. Lesen Sie diesen Schüler*innen die Texte vor, nehmen Sie die Texte auf und lassen Sie sie in Ruhe anhören (das klappt mit einem Smartphone mit Kopfhörern!) usw. Suchen Sie Möglichkeiten, auch den Schüler*innen mit Einschränkungen Wissen zu vermitteln.

Hilfsmittel zulassen

Wer schon einmal mit einer Kindergruppe bowlen war, der weiß, wie frustrierend es für manche Kinder sein kann, wenn nahezu jede Kugel neben der Bahn herläuft. Um das zu verhindern, gibt es hier die Banden. Auch beim Lernen kann man gewisse Hilfsmittel zulassen, damit alle gemeinsam etwas erreichen können. Hilfsmittel sind keine Mogeleien, sondern eine Unterstützung. Und welches Kind ist nicht stolz, ohne Stützräder zu fahren oder ohne Bande zu bowlen? Sie werden sehen, die Schüler*innen sind auch stolz, wenn sie irgendwann ohne Hilfsmittel arbeiten können.

 *Alle machen etwas anderes*

Kinder mit einem ausgeprägten Bewegungsbedarf

Es gibt viele Kinder, die einen erhöhten Bewegungsbedarf haben. Das hat viele Ursachen. Zum einen bewegen sich Kinder heute viel weniger, als dies noch frühere Generationen getan haben. Andere Kinder sind zappeliger als andere. Die Bewegungsarmut in der Schule tut dann ein Übriges. Die Folge ist, dass die Kinder kippeln, aufspringen und motorische Überreaktionen zeigen. Das kann den Unterricht stören. Es ist dabei ganz gleich, ob eine ADHS-Diagnose vorliegt, ADHS ausgeschlossen wurde oder eine Vermutung Ihrerseits vorliegt. Sie müssen dies in Ihren Unterricht einplanen. Haben Sie solche Schüler*innen in der Klasse, so müssen Sie diese in Bewegung halten. Bewegung ist für alle etwas Positives. Die meisten sitzen zu viel und bewege sich viel zu wenig. Teilen Sie Arbeitsblätter nicht aus, sondern legen Sie sie an unterschiedlichen Stellen im Raum aus, damit die Kinder sich diese holen müssen. Wechseln Sie von Zeit zu Zeit die Arbeitsform von sitzend zu stehend, gehen Sie nach draußen, wenn das Wetter es zulässt. Man kann auch wunderbar im Schulgarten lesen. Spielen Sie Spiele nicht nur auf dem Tisch, sondern auch auf dem Fußboden, auf den Fluren. Lassen Sie Kinder als Belohnung eine Runde laufen, wenn sie eine Aufgabe richtig beantwortet haben. Beachten Sie dabei die Aufsichtspflicht. Lernen Sie Vokabeln mit Bewegungen, das hat zudem den Vorteil, dass die Schüler*innen sich diese besser merken können. Geben Sie den Schüler*innen, die sich mehr bewegen müssen, einfach auch mehr Möglichkeiten dazu.

Freiarbeit

Können Sie sich vorstellen, dass Sie eine Klasse unterrichten, in der jeder etwas anderes tut? Ein Albtraum für Sie oder sehen Sie durchaus eine Möglichkeit für ein supereffektives Lernen darin?
Probieren Sie es aus und nutzen Sie eine Stunde in der Woche dazu, in der Sie einen offenen Anfang kreieren. Sie sind sowieso immer eher in ihrem Klassenraum und ein Großteil der Schüler*innen kommt auch früher (Busse etc.)? Dann geben Sie ihnen die Möglichkeit, zu Ihnen zu kommen und Aufgaben zu erledigen. Die Schüler*innen können Ihnen Fragen stellen, die Sie beantworten, sie haben Zeit für Dinge, die sie sonst nicht fertigstellen können, und es können auch privatere Dinge angesprochen werden, als dies im normalen Unterricht der Fall ist.
Klappt das mit dem Anfang nicht, so richten Sie einmal in der Woche (bei Fächern mit weniger Unterrichtszeit einmal im Monat) eine Stunde ein, in der Sie Übungsmaterial zur Verfügung stellen, in der es aber auch möglich ist, dass die Schulkinder sich selbstständig allein oder zu mehreren ein Problem vornehmen, an dem sie arbeiten möchten. Sie werden nach einer Weile merken, dass diese Stunden sehr wenig Vorbereitung verlangen, aber trotzdem superanstrengend sind, da Sie nicht wissen, welche Fragen die Schüler*innen Ihnen stellen. Gleichzeitig sind sie sehr effektiv, da die Schüler*innen hier wirklich lernen, an ihrem Stand zu arbeiten und Lösungen zu finden. Ihnen gibt es einen guten Überblick, wie weit die einzelnen Kinder sind.

Was, wenn Schüler*innen nicht arbeiten?

In der Regel arbeiten Schüler*innen dann nicht, wenn Sie Probleme haben, seien es persönliche Probleme oder mit der Aufgabenstellung. Sind es persönliche Probleme, müssen Sie helfen, diese zu lösen. Es kann auch sein, dass ein Kind nicht in der Lage ist zu arbeiten, weil es zu müde ist, zu überanstrengt oder Ähnliches. Kommt das einmal vor, ist es kein Problem. Kommt es häufiger vor, müssen Sie sich um die Ursache kümmern. Fragen Sie Kolleg*innen, ob es bei ihnen ähnlich ist, prüfen Sie nach, ob eventuell eine Erkrankung vorliegt, die bekannt ist. Ist das alles nicht der Fall, setzen Sie sich mit den Eltern in Verbindung. Passen Sie hier aber auch auf, es kann tatsächlich eine medizinische Erklärung geben, die Sie vielleicht nicht im Blick hatten, und selbst wenn das Kind zu lange wach bleibt, muss das behutsam und nicht mit Gewalt geklärt werden. Handelt es sich darum, dass Schüler*innen mit der Aufgabe nicht klarkommen, dann haben Sie die falsche Aufgabe gestellt. Sie ist entweder zu einfach oder zu schwer. Suchen Sie mit dem Kind gemeinsam nach einer Lösung und versuchen Sie wirklich zu ergründen, wo das Problem liegt. Es hilft nichts, Schüler*innen immer dieselben Aufgaben zu geben, wenn Sie diese nicht lösen können.

Alle machen etwas anderes

Motivierte Schüler*innen lernen und arbeiten besser. Sie haben Freude und Erfolg. Sie entwickeln sich in ihrem persönlichen Tempo weiter und lernen dazu. Das bedeutet nicht, dass die schwächsten Schüler*innen immer die schwächsten bleiben. Im eigenen Tempo können die Schüler*innen zur Aufholjagd ansetzen. Solche positiven „Schübe" sind Erfolge für die Schüler*innen, ihre Eltern und Sie.

Arbeit in Gruppen und im Team

Teamarbeit gibt es heute an allen Schularten – von der Grundschule bis zur Sek. 2. Eine Gruppenarbeit erfordert von Ihnen genaue Planung, ausführliche Vorbereitung und richtige Anleitung. Die Schüler*innen müssen lernen zusammenzuarbeiten. Das ist ein Teil eines sozialen Lernprozesses.

Egal, wohin man schaut, es werden keine Einzelkämpfer gesucht, sondern Teamplayer. Dabei geht es nicht darum, im Team zu verschwinden, sondern die eigenen Stärken im Team einzubringen und das zu tun, was man gut kann. Jemand, der nicht gut lesen, aber gut vortragen kann, ist besonders für die Präsentation geeignet. Der stille Zurückhaltende, kann dafür vielleicht besser lesen und etwas wiedergeben usw.

Hier ist auch eine Ihrer Stärken als Quereinsteiger zu finden. In vielen anderen Berufen ist man es gewohnt, in Teams zu arbeiten und gemeinsam etwas zu schaffen – viel mehr als das Lehrkräfte tun, unter denen letztendlich viele Einzelkämpfer*innen sind. Bringen Sie hier Ihre Erfahrung ein und bauen Sie arbeitsstarke Teams auf, von denen die Schüler*innen nicht nur durch das Ergebnis lernen, sondern vor allem darin trainiert werden, miteinander zu arbeiten. In Teams muss die Arbeit verteilt werden und alle können hier die besonderen Stärken einbringen. Das bedeutet nicht, dass Sie ausschließlich Team- und Gruppenarbeit vergeben sollen. Sie können es aber immer wieder als eine Form der Arbeit einsetzen, welche die Fokussierung auf das Handeln der Schüler*innen legt und nicht Sie in den Mittelpunkt setzt. Sie haben dann Zeit, einzelnen Teams beratend zur Seite zu stehen, die Schüler*innen zu beobachten und sie auch mal ein wenig dazu anzuspornen, Dinge zu tun, die sie eigentlich nicht so gern machen.

Arbeit in Teams

Geben Sie zunächst kleine, überschaubare Aufgaben, die innerhalb einer kurzen Zeit zu erledigen sind. So muss von Anfang bis Ende gearbeitet werden und geben Sie den Teams einen wirklichen Fahrplan an die Hand, den sie einhalten müssen. Außerdem müssen sie zu einem Ergebnis kommen und dieses auch präsentieren. Planen Sie also ebenfalls eine gewisse Zeit für die Präsentation ein. Es ist sehr unbefriedigend für jemanden, der etwas erstellt hat, wenn es nicht gewürdigt wird.

Greifen Sie nicht in die Arbeit der Gruppen ein, wenn Sie merken, dass diese Gruppen wirklich diskutieren.

Einteilung in die Teams

Es gibt sehr viele verschiedene Möglichkeiten die Teams zu bilden, die Sie in der Hand haben. Überlassen Sie die Einteilung in die Gruppen nicht dem Zufall oder den Schüler*innen, sondern steuern Sie die Einteilung nach Ihren Vorstellungen.

Lassen Sie die Schüler*innen zusammenarbeiten, wie Sie es möchten, dann werden sich sehr unterschiedliche, aber keine produktiven Gruppen ergeben. Teilen Sie daher die Gruppen (wenigstens in den ersten Phasen) ein. Erklären Sie auch, wie eine solche Arbeit abläuft, wer was machen muss und legen Sie kleinschrittige Treffen der Gesamtgruppe fest. Eine zufällige Einteilung in die entsprechenden Lerngruppen ist oft effektiver als eine von den Schüler*innen bestimmte. Zufällig können Sie die Gruppe durch Auszählen, Lose, Spielkarten etc. bestimmen. Sie können aber auch eine zufällige Mischung vortäuschen und die Gruppen vorab in Ihrer Planung festlegen. Verteilen Sie die Zettel umgedreht, mischen Sie Karten stets vorher durch. Bitte denken Sie daran, nicht immer die stillen, ruhigen Kinder mit den größten Unruhestiftern zusammenzusetzen. Das geht ab und zu – aber diese Kinder möchten in der Regel arbeiten und fühlen sich dann auch gestört. Das kann zu weiterem Unmut führen, den Sie sicherlich eher vermeiden möchten.

 *Alle machen etwas anderes*

Schnelles Aufarbeiten eines Lernstoffs

Bei einer Gruppenarbeit unterscheidet man zwischen einem arbeitsgleichen und einem arbeitsteiligen Gruppenunterricht. In arbeitsgleichen Gruppen wird den Schüler*innen die gleiche Aufgabe gestellt. Ob auch dasselbe Ergebnis dabei herauskommt, liegt an der Aufgabenstellung. Wird eine Meinung abgefragt, dann können die Ergebnisse voneinander abweichen. Wird ein Sachverhalt abgefragt, dann sollten die Ergebnisse sich sehr ähneln. Bei arbeitsteiligen Aufgaben kann auf ein gemeinsames Ergebnis hingearbeitet werden.

Durch verschiedene Aufgaben in den Gruppen, kann ein Stoff sehr schnell aufgearbeitet werden. Gleichzeitig lernen die Schüler*innen dabei, wie man sich Informationen beschaffen kann und verschiedene Medien nutzt. Sie können auf diese Art und Weise nahezu jedes Problem angehen. Im Sachunterricht, in den Sozialwissenschaften und auch in den Naturwissenschaften können Schüler*innen miteinander Informationen zu Themen herausfinden. In Kunst kann zu bestimmten Stilrichtungen, Arbeitsanweisungen oder Künstlern recherchiert werden, in Deutsch werden Hintergründe zu Texten, Autoren, Sachverhalten zusammengetragen, was schon wieder Überlappungen mit anderen Fächern ergibt. Auch in den Sprachen kann recherchiert werden und wenn Informationen nicht in der gewünschten Sprache vorliegen, macht das nichts, denn dann müssen Inhalte übersetzt werden – das übt auch, denn eigene Gedanken zu übersetzen, ist oft aufwendiger, als Informationen zu entnehmen. Aber auch im Sport können Regeln, Wissen über Sportarten usw. auf diese Weise gemeinsam schnell erarbeitet werden. In der Mathematik ist diese Arbeitsweise ebenfalls möglich: Lassen Sie Schüler*innen der Grundschule oder der unteren Stufen der weiterführenden Schule ausprobieren, welche Regeln sie in der 2er-, 3er-Reihe etc. finden. Oder lassen sie die Kinder komplexere Textaufgaben gemeinsam lösen, lassen Sie sie recherchieren, wie in anderen Ländern schriftlich gerechnet wird und das dann erklären. Ihre Klasse ist oft sehr heterogen im Leistungsniveau.

Ziele setzen

Das bedeutet, dass Sie nicht für alle das gleiche Lernziel, sondern unterschiedliche Ziele für die unterschiedlichen Personen setzen müssen. Es geht nicht darum, dass eine einzelne Person besser wird als eine andere, sondern dass alle jeden Tag einen gewissen Lernzuwachs erfahren und das auch bemerken. Jedes Kind, das zur Schule kommt, muss am Ende das Gefühl haben, nur ein bisschen mehr zu wissen als am Vortag. Und es darf nicht beim Gefühl bleiben, sondern es muss tatsächlich eine Verbesserung vorliegen, jeden Tag ein bisschen mehr. Lernen Sie, mit den Schüler*innen Ziele zu setzen. Diese Ziele sehen für alle anders aus. Denn selbst von einem Kind, das in der Lage ist, das Unterrichtsziel mühelos zu erreichen, müssen neue Herausforderungen gemeistert werden. Alle Kinder müssen Herausforderungen haben, denen sie sich stellen und die sie auch bewältigen können.

Würdigung

Jedes Kind, das etwas gemacht und damit einen kleinen Erfolg erzielt hat, muss eine Würdigung erhalten. Natürlich müssen Bewertungen vorgenommen werden und dabei muss auch verglichen werden, doch muss das Kind erfahren, dass es etwas geleistet hat, um zu erkennen, dass es mehr geleistet hat als am Tag zuvor. Erfährt es keine Würdigung und hört nur, was es alles nicht kann, so wird sich Frust breitmachen, der dazu führt, dass die Kinder diese eigenen Fortschritte nicht mehr wahrnehmen und die Arbeit einstellen. Es soll keine schlechte Arbeit gelobt werden, aber es muss gelobt werden, wenn ein Kind sich selbst verbessert hat. Dies muss auch den Eltern gegenüber kommuniziert werden.

Benefit

Wer hat einen Vorteil davon, wenn Schüler*innen auf unterschiedlichen Leveln arbeiten und lernen? Sie haben erst einmal mehr Arbeit, denn Sie werden kein Lernmaterial finden, das direkt auf Ihre Klasse zugeschnitten ist. Auf der anderen Seite können Schüler*innen mit besser angepasstem Lernmaterial besser lernen. Wer einen Erfolg bei sich sieht, der macht auch weiter. Das gilt für das lernschwächere Kind genauso wie für das hochbegabte. Es ist egal, ob Schüler*innen gebremst oder überfordert werden –

das Ergebnis ist dasselbe und kann zu Lernfrust, Unterrichtsstörungen und einem Nichterfolg führen. Darunter leiden alle.

Lernen Schüler*innen wirklich und haben nicht das Gefühl, ihre Zeit in der Schule zu verschwenden, sind sie auch motiviert.

Hausaufgaben statt Frust

Wie vergibt man sinnvolle und unterstützende Hausaufgaben?

Alle, die sich an die eigene Schulzeit erinnern, werden daran denken, wie ungern Hausaufgaben erledigt wurden. Ein sehr großer Teil der Hausaufgaben wird schnell hingeschmiert, ein immer noch ziemlich großer Teil wird abgeschrieben. Der Lerneffekt dabei ist nicht besonders hoch, sondern man lernt eher, wie man in kürzester Zeit eine Aufgabe erledigt oder wie man Handschriften entschlüsselt. Der erhoffte Lernerfolgt bleibt aus. Was also tun?

Sinn von Hausaufgaben
Es gibt Befürworter von Hausaufgaben, die der Auffassung sind, dass es Hausaufgaben immer schon gegeben hat, diese sein müssen und schließlich keinem geschadet haben. Aber haben sie auch wirklich genützt? Waren diese Aufgaben sinnvoll? Und wenn etwas nicht nützt oder auch nicht sinnvoll ist, schadet es dann nicht letzten Endes nur deshalb, weil es Zeit verschwendet? Zahlreiche Studien, belegen, dass Hausaufgaben keinen Effekt haben. Jetzt muss man das ein wenig differenzieren. Es sind sicherlich nicht alle Hausaufgaben sinnlos oder richten gar Schäden an, doch viele der Aufgaben sind überflüssig.

Rechtliche Lage
Hausaufgaben sollen den Unterricht ergänzen, sie sollen Schüler*innen dazu bringen, den Unterrichtsstoff nachzuarbeiten bzw. vorzubereiten. Die Zeit, welche die Schüler*innen mit Hausaufgaben zubringen sollen, sind jedoch unterschiedlich geregelt. Hier müssen Sie sich unbedingt mit den Vorgaben in den entsprechenden Bildungsplänen befassen. Es werden von manchen Bundesländern verschiedene Zeiten vorgegeben. Manche Bundesländer koppeln die Dauer der Hausaufgaben an die Anzahl der Wochenstunden, in denen das Fach unterrichtet wird, und wieder andere lassen die einzelnen Schulkonferenzen über die Dauer entscheiden. Manchmal wird ein Zeitrahmen pro Fach gesetzt, manchmal gibt es ein Zeitlimit pro Nachmittag.

Hausaufgaben sind Hausfriedensbruch
Jede Lehrkraft, die keine eigenen Kinder hat, wird darüber den Kopf schütteln. Jede Lehrkraft, die selbst Kinder hat, weiß, wovon hier die Rede ist. Selbst Lehrereltern haben ihren Kindern schon einen Teil der unliebsamen und oft nervenaufreibenden Beschäftigung abgenommen, einfach um den Familienfrieden wiederherzustellen. Kolleg*innen haben sich auf Klassenfahrten die Hausaufgaben zumailen lassen, um diese korrigiert zurückzuschicken. Es werden Kreise, Zahlen und Buchstaben ausgemalt, es werden Aufsätze formuliert und Kinderhandschriften nachgemacht, jeden Tag, immer wieder. Das machen die meisten Eltern in der Regel noch nicht einmal, um für die Kinder bessere Zensuren zu erzielen, sondern einfach nur, um die Aufgaben erledigt zu haben und den Hausfrieden zu sichern. Untereinander beschweren sich die Eltern über die Hausaufgaben, sie reden miteinander darüber – manche äußern ihren Unmut, doch kaum jemand traut sich gegenüber der Schule zu sagen, dass die Hausaufgaben zu viel sind. Andererseits gibt es wieder Eltern, die darauf bestehen, dass die Kinder Hausaufgaben bekommen, damit sie etwas lernen. Das ist auch richtig – doch wie kommen wir aus diesem Dilemma heraus? Vielleicht bringen Sie aus Ihrem alten Beruf eine gute Idee für die richtige Form der Hausaufgabe mit?

Sinnvolle Hausaufgaben
Hausaufgaben müssen einen Sinn ergeben. Das ist eigentlich jedem bekannt, doch wird es nur sehr selten beherzigt. Die Hausaufgaben müssen daher zum Unterricht passen. Entweder schließen sie an den Unterricht an oder sie sind eine Vorbereitung für den kommenden Unterricht. Sie können auch die Wiederholung einer Einheit darstellen, die schon länger vorbei ist, um diese aufzufrischen. Um klarer zu

Hausaufgaben statt Frust

machen, welche Hausaufgaben sinnig sind, ist es notwendig, erst einmal festzustellen, welche denn keinen Sinn ergeben.

Aufgaben, die problematisch werden können:
- Aufgaben beenden
- Weiterarbeiten lassen
- Aus dem Zusammenhang genommene Aufgaben
- Zu viele Aufgaben
- Zu wenige Aufgaben
- Unpassende Aufgaben

Aufgaben beenden gegen zeitlich begrenztes Arbeiten

Eine ganz klassische Form der Hausaufgabe ist es, eine in der Schule begonnene Aufgabe zu Hause beenden zu lassen. Der Gedanke dahinter ist folgender: Die Schüler*innen lernen, dass sie, wenn sie in der Schule schnell arbeiten, zu Hause wenig zu tun haben. Das mag eine frühe Form des Lernens von Arbeitseinteilung gewesen sein, entspricht eigentlich aber nicht mehr den Anforderungen, die an Hausaufgaben gestellt werden. Hausaufgaben sollen dazu dienen, den in der Schule gelernten Stoff zu wiederholen und zu vertiefen. Schüler*innen, die schnell arbeiten, müssen nach dieser Methode zu Hause oft nichts mehr machen. Das heißt, ihnen fehlt die Wiederholung am Nachmittag. Vielleicht wären diese Schüler*innen jedoch in der Lage, die Aufgaben zu vertiefen, zu erweitern oder noch anders zu hinterfragen. Schwächere Schüler*innen hingegen können stundenlang mit diesen Aufgaben beschäftigt sein, denn in der Regel haben sie nicht deshalb langsam gearbeitet, weil sie trödeln wollten, sondern weil sie einfach keine Idee hatten, wie sie überhaupt beginnen sollten. Die Idee haben sie allein zu Hause erst recht nicht. Eine gute Idee ist es, auch hier zu differenzieren und die Übungen in verschiedenen Stufen anzubieten bzw. unterschiedliche Hilfsmittel zuzulassen oder ganz unterschiedliche Aufgaben zu vergeben. Nehmen wir einmal an, es ginge eigentlich darum, schriftliches Teilen zu üben. Die sehr guten Schüler*innen teilen nicht schriftlich, sondern machen das im Kopf und basteln dann das schriftliche Teilen noch daran, ohne den Sinn in der Form zu erkennen. Diese Schüler*innen brauchen viel größere Aufgaben, die sie zwingen, schriftlich zu teilen. An denen können sie zehn Minuten rechnen – oder länger, wenn sie wollen –, um sie zu lösen.

Dann gibt es Schüler*innen, die die Aufgabe verstanden haben, sich aber nicht sicher sind und die Übung gut brauchen können. Für diese ist die Aufgabenstellung genau richtig und effektiv. Aber auch hier muss das Lernen zeitlich begrenzt werden und darf nicht übermäßig lange dauern.

Kommen wir zu den Schüler*innen, die die Aufgabe nicht verstanden haben. Vielleicht haben sie den Ablauf aus Abschätzen, Multiplizieren, Subtrahieren, neue Zahl erstellen nicht verstanden. Vielleicht können Sie nicht abschätzen, vielleicht sitzt das Einmaleins nicht. Egal, was es ist, sie können eine solche Aufgabe nicht lösen, wie lange sie auch daran sitzen. Das gibt keine Lernmotivation, keinen Lernerfolg, sondern nur Fust und auch Ärger in der nächsten Stunde. Die Folge ist eine Ablehnung des Fachs. Für diese Schüler*innen kann man die Aufgabe in Teile herunterbrechen, sie reduzieren. Sie erledigen nur Aufgaben zum Abschätzen, sie bekommen Einmaleins-Übungsaufgaben oder eine Einmaleins-Tabelle als Hilfe.

Weiterarbeiten lassen gegen Wiederholung oder Vorbereitung

Die Stunde lief nicht so, wie Sie sich das vorgestellt haben. Sie sind ein wenig verärgert, weil Sie die Schuld vielleicht auch bei den Schüler*innen sehen, die einfach nicht mitgearbeitet haben und nun dafür bestraft werden müssen. Nun ist eine kollektive Strafe erst einmal gar nicht erlaubt. Zweitens bringt eine kollektive Strafe gar nichts, da sie damit die Schüler*innen der Klasse gegen sich aufbringen, die vielleicht noch mitarbeiten wollten. Und wenn die Klasse im Unterricht nicht mitgearbeitet hat, kennt sie nicht die Lösungswege und weiß nicht, wie die Aufgaben zu lösen sind. Vielleicht ist Ihr Unmut berechtigt, vielleicht haben Sie aber auch den Lernstand der Klasse falsch eingeschätzt und die Stunde war zu leicht oder zu schwer geplant.

Eine bessere Lösung wäre es nun, eine Hausaufgabe zu stellen, die die Schüler*innen dazu bringt, das zu wiederholen, was ihnen zum Lösen des gestellten Problems nicht mehr präsent war. Vielleicht können sie auch vorarbeiten und Informationen sammeln, die Sie brauchen, um die nächste Stunde sinnvoller zu gestalten.

Aus dem Zusammenhang genommene Aufgaben gegen Ersatzaufgaben

Die Stunde ist zu Ende und Sie haben noch keine Hausaufgabe gestellt. Beim schnellen Blättern finden Sie eine Aufgabe, die so ungefähr passen könnte und geben Sie als Hausaufgabe. Doch später stellt sich heraus, dass diese Aufgabe überhaupt nicht passt. Sie sind nicht das geeignete Übungsmaterial gewesen. Das passiert jedem – aber es ist gut, wenn man diese Situation möglichst umgehen kann. Eigentlich sollte in der Planung die Hausaufgabe immer miteinbezogen werden. Aber es gibt Situationen, in denen einfach Hausaufgaben fehlen. Es ist gut, in einem solchen Fall immer eine Übungshausaufgabe dabeizuhaben. Eine Wiederholung von hilfreichen Wörtern, ein Rätsel oder etwas Ähnliches.

Aus dem Zusammenhang genommene Aufgabe gegen gut durchdachte Aufgabe

Sie kommen in den Kopierraum und sehen eine Hausaufgabe liegen, die Ihnen sehr gelegen kommt. Eigentlich würde das genau zu Ihrem Unterricht passen. Nein, es würde nicht genau passen, da Sie Ihren Unterricht auf Ihre Lerngruppe zuschneiden und es wirklich Zufall wäre, wenn jemand genau so arbeiten würde. Nehmen Sie die Aufgabe gern als Beispiel mit, vielleicht passt sie tatsächlich. Das können Sie aber nur feststellen, wenn Sie sich näher mit den Aufgaben beschäftigen und Sie auch selbst einmal gelöst haben. Die Problematik, die eventuell bei manchen Aufgaben bestehen könnte, entdecken Sie nur dann, wenn Sie sich intensiv damit beschäftigt haben. Und denken Sie daran, lassen Sie etwas in der Schule lösen, dann sind Sie dabei und können Fragen beantworten. Zu Hause sind die Kinder allein bzw. mit ihren Eltern zusammen oder auch in einer Hausaufgabenbetreuung. Haben Sie dann keine Anleitung, kann das schiefgehen.

Zu viele Aufgaben/zu wenige Aufgaben – gegen zeitliche Planung

Es geht nicht darum, dass Schüler*innen stundenlang beschäftigt sind, sondern um eine effektive Wiederholung und Nacharbeit. Sie wollen an dieser Stelle weder eine zu hohe noch eine zu geringe Belastung. Setzen Sie ein Zeitlimit. Dabei ist es wichtig, dass die Schüler*innen lernen, in diesem Limit effektiv zu arbeiten. Im besten Fall können Sie die Aufgaben so individualisiert ausgeben, dass es für jeden passt – doch dann bräuchten Sie unendliche Zeit für die Vorbereitung und die haben Sie nicht. Darum ist es besser, Sie geben gewisse Zeiten zum Arbeiten vor. Die Schüler*innen sollen genau aufschreiben, wann Sie angefangen haben und wann sie fertig sind. Erklären Sie den Eltern, dass nicht die Anzahl der Aufgaben entscheidend ist, sondern, dass die Schüler*innen sich effektiv damit auseinandersetzen. Dazu gehört es auch, aufzuhören. Erklären Sie Ihren Schüler*innen aber, dass sie nicht mit dem Ablauf der Zeit den Stift fallen lassen sollen, sondern bitte den Gedanken zu Ende bringen, den Satz beenden und die Aufgabe oder zumindest den Teilschritt der Aufgabe abschließen.

Unpassende Aufgaben gegen passende Aufgaben

Seien Sie superkritisch mit den Hausaufgaben, die Sie Ihren Schüler*innen stellen. Testen Sie selbst, ob Sie die Aufgaben in weniger als der halben angestrebten Zeit lösen könnten, wenn Sie sie ausführen würden. Schauen Sie noch einmal alles durch, damit sich keine Fehler einschleichen. Vertrauen Sie nicht allein auf die Korrekturen, das reicht nicht. Lesen Sie die Sätze sowie die Aufgabenstellungen mehrmals und wenn Sie die Möglichkeit haben, fragen Sie eine andere Person, ob diese die Aufgaben probehalber lösen könnte. Schauen Sie sich auch Bilder an, denken Sie an unterschiedliche Lösungen bei Aufgaben, die Sie als eindeutig empfinden. Zum Beispiel soll bei einem Bild eines Zuges entschieden werden, ob sich das „Ei" im An-, Mit- oder Endlaut befindet. Natürlich ist in „Zug" gar kein „Ei". Auch nicht in „Lok" oder „Lokomotive" – aber in „Eisenbahn". Fragen dieser Art beschäftigen Eltern in sozialen Netzwerken. Das wollen Sie nicht erreichen. Klare Aufgabenstellungen sind besser!

Hausaufgaben statt Frust

Umfang der Hausaufgaben
Haben Sie sich Gedanken darübergemacht, welche Dinge Schüler*innen am Nachmittag erledigen sollen? Sie sollen nacharbeiten und die Stunde reflektieren – das ist eine Aufgabe, die eigentlich jeden Tag, für jedes Fach besteht. Sie sollen ihre Mappen und Hefte in Ordnung halten. Sie sollen sich Gedanken darübermachen, an welchen Stellen sie Defizite haben, außerdem lernen und zusätzlich noch die von Ihnen und Ihren Kolleg*innen gestellten Hausaufgaben erledigen. Das sind schnell ein paar Stunden! Zählt man dann die Schulstunden hinzu, kommt man bei einigen Schüler*innen auf mehr als die im Arbeitsrecht für Mitarbeiter*innen zulässigen Stunden. Denken Sie darüber nach, achten Sie auf Qualität vor Quantität. Dann bekommen Sie auch mehr!

Zusätzliche Aufgaben
Eben konnten Sie schon lesen, dass die Schüler*innen am Nachmittag viele Stunden für die Schule „arbeiten". Viele Eltern üben zusätzlich mit den Kindern – einerseits ist das löblich, andererseits führt dies auch schnell in eine falsche Richtung. Viele Schüler*innen haben schon in der Grundschule Nachhilfeunterricht – eigentlich ist das ein Armutszeugnis für deutsche Schulen. Es ist in Ordnung, wenn eine kürzere Zeit Nachhilfe gegeben werden muss, weil jemand etwas nicht verstanden hat, krank war oder bei einem Thema plötzlich nicht weiterkommt. Es ist immer gut, eine andere Person fragen zu können. Doch als Dauereinrichtung sollte das eigentlich nicht auf dem Plan stehen!

Vorbereitende und nachbereitende Aufgaben
Hausaufgaben sollen Schüler*innen Sicherheit geben. Sie sollen merken, dass sie etwas können. Sie sehen, dass sie in der Lage sind, Gelerntes allein und ohne Hilfe von außen (vielleicht mit Hilfsmitteln) erledigen zu können. Das ist sehr wichtig für den Entwicklungs- und Lernprozess. Sie tragen etwas von der Schule nach Hause und können es allein. Das gibt ihnen dann die Sicherheit, dies auch wieder in der Schule zu zeigen. Damit steigern Sie die Lern- und Leistungsbereitschaft und werden Schüler*innen haben, die im Ganzen besser mitarbeiten. Außerdem können Sie vorbereitende Aufgaben stellen. Diese können Recherchearbeit bedeuten. Dass muss keine umfangreiche Recherche im Internet oder in Lexika sein, es können auch schon bei Erstklässler*innen ganz einfache Aufgaben sein, wie zum Beispiel zu Hause zu erkunden, welche Zahlen sie im und am Haus finden. Mit steigendem Alter werden die Aufgaben komplizierter und umfangreicher, doch die Schüler*innen bringen hier etwas von zu Hause mit in die Schule. Die Verknüpfungen, die so entstehen können, wirken dem Inseldasein der Schule, die sich leider immer weiter von der sonstigen Lebenswirklichkeit der Schüler*innen entfernt, entgegen. Es entsteht eine Verbindung zwischen Schule, Lernen und dem täglichen Leben. Mehr wollen und können Sie nicht erreichen.

Eigentliches Ziel von Hausaufgaben
Wohin wollen wir Schüler*innen bringen, die Hausaufgaben erledigen? Schule soll diese zum eigenständigen Arbeiten erziehen, bei dem die Schüler*innen erkennen, was sie noch tun müssen und was nicht. Sie sollen ihre Stärken und Schwächen erkennen. Ein Ziel wäre es, dass Schüler*innen mittags nach Hause gehen und am nächsten Tag mit vielen Fragen zum Thema zurück in die Schule kommen würden. Diese Schüler*innen könnten eigenständig arbeiten und wären in der Lage, Dinge zu hinterfragen und sich Gedanken zu machen. Sie hätten verstanden, was der Sinn von Hausaufgaben ist. Behalten Sie dieses Ziel im Blick und Arbeiten Sie darauf hin.

Interessante Hausaufgaben
Hausaufgaben müssen nicht bedeuten, dass die Schüler*innen die ganze Zeit nur damit beschäftigt sind, an ihren Schreibtischen zu sitzen und zu schreiben. Es können ganz verschiedene und auch wichtige Aufgaben sein. Nehmen Sie zum Beispiel in Biologie die verschiedenen Kornarten durch, die in Deutschland wachsen, so können Sie den Schüler*innen vorab die Aufgabe geben, Fotos von den verschiedenen Ähren zu machen oder im Nachhinein bitten, ein Feld zu suchen und die Ähren auf diesem Feld zu bestimmen. Die Kinder können einen Kuchen backen, dabei müssen sie lesen, sie müssen rechnen und

Hausaufgaben statt Frust

nachher merken sie, ob sie alles richtig gemacht haben oder nicht. Lassen Sie die Kinder ein Referat halten über ihr Lieblingstier, ihr Hobby oder etwas Ähnliches und danach miteinander ins Gespräch kommen. So bleibt es kein Insellernen, sondern das „wirkliche" Leben wird besprochen, die Schulkinder kommen miteinander ins Gespräch und sie lernen Interessantes übereinander kennen. Helfen Sie den Kindern, interessante Themen zu finden.

Hausaufgabenpläne

Es gibt mehrere Möglichkeiten, die Hausaufgaben zu organisieren. In den 90er-Jahren kam es auf, den Kindern Wochenpläne zu geben. Das funktionierte zwar in den Grundschulen, an den weiterführenden Schulen jedoch dann leider nicht mehr so gut. Auch beim Wochenplan gab es das Problem, dass die Schüler*innen oft damit überfordert waren und die Eltern das Konzept häufig auch nicht verstanden. Es wurden Hausaufgabenhefte geführt, in denen die Schüler*innen eintragen sollten, wann die Hausaufgaben aufgegeben wurden. Dann gab es plötzlich eine neue Idee, bei der die Schüler*innen eintragen sollten, an welchem Tag die Aufgaben fertig sein sollten. Auch das war nicht ideal. Es gibt keine ideale Lösung für dieses Problem. Zu lernen, hier seinen eigenen Weg zu finden und die Möglichkeiten gegeneinander abzuwägen, ist sinnvoll. Sollte also ein Kind die Hausaufgaben erledigen oder weitestgehend erledigen, dabei aber eine andere Art des Aufschreibens nutzen, so lassen Sie es so weiterarbeiten. Es ist eine Form der Selbstorganisation, zu lernen, seinen eigenen Weg zu finden.

Würdigung

Stellen Sie sich einmal vor, sie haben eine Arbeit erledigt und niemand interessiert sich dafür. Wenn Sie den Sinn darin sehen, diese Arbeit zu machen, dann mag das noch ganz okay sein, weil Sie es für sich tun. Doch wenn Sie keinen Sinn darin erkennen, diese Arbeit zu machen und sich dann auch noch niemand dafür interessiert, werden auch Sie aufhören zu arbeiten. Würdigen bedeutet erst einmal wahrnehmen, dass jemand etwas getan hat. Das können Sie täglich tun, einmal in der Woche – aber nicht in einem größeren Abstand. Sie können durchgehen und die Aufgaben abhaken (als gesehen) oder bei Kleineren ein Lachmännchen darunter zeichnen, einen Stempel oder was auch immer. Lassen Sie hier und da ein paar nette Worte über die Arbeit fallen, wie superordentlich, ausführlich, kurz, aber richtig – was auch immer – sie sei. Zeigen Sie, dass Sie Veränderungen wahrnehmen.

Vergessene Hausaufgaben

Eigentlich sollte man hier besser von nicht gemachten Hausaufgaben sprechen, denn vergessen werden die wenigsten – eher verdrängt. Wenn Sie die Hausaufgaben würdigen, dann ist es für Sie auch klar, wer diese Hausaufgaben vergessen hat. Hier gibt es nun verschiedene Modelle, teilweise ist das in der Schule festgelegt:

- Wer seine Hausaufgaben vergessen hat, der muss sie am nächsten Tag nachreichen und der „Strich" verschwindet.
- Wer drei Striche hat (nach dem Modell „einmal vergessen = ein Strich", bekommt einen Brief an die Eltern.
- Hausaufgaben müssen unter Aufsicht nachgeholt werden.
- Drei vergessene Hausaufgaben ergeben eine mündliche Sechs.
- Eintrag ins Klassenbuch usw.

Da Hausaufgaben in den meisten Bundesländern nicht in die Benotung einfließen dürfen (dazu später mehr), kann die Zensur eigentlich auch nicht mit einer mündlichen Sechs gleichgesetzt werden. Helfen wird keines dieser Modelle wirklich und Sie haben keinen Nutzen, sondern nur Ärger. Denken Sie eher positiv, lesen Sie die ersten Seiten dieses Kapitels noch einmal und fragen Sie sich, was Sie mit den Hausaufgaben bewirken wollen. Ist es eine Beschäftigung, dann bleiben Sie dabei. Soll es etwas sein, von dem die Schüler*innen wirklich etwas haben, dann geben Sie echte angepasste Aufgaben zum Nacharbeiten

oder zum Knobeln, zum Wiederholen oder zum Festigen, eben ganz dem Niveau des Schülers angemessen, auf. Wenn die Aufgaben anspruchsvoll sind, werden sie von allen Schüler*innen erledigt, die sie bearbeiten können. Sollte ein Kind das nicht tun, bleibt immer noch die Möglichkeit, in der großen Pause gemeinsam zu bleiben und die Fragen zu besprechen, damit es dann zum nächsten Tag funktioniert.

Bewertung von Hausaufgaben

Grundsätzlich ist es so, dass Hausaufgaben in den meisten Bundesländern nicht benotet werden dürfen. Der Grund dafür ist die Angst, dass Schüler*innen sie nicht allein gemacht haben, sondern Hilfe durch die Eltern, Nachhilfelehrer*innen, Geschwister oder wen auch immer hatten. Das bedeutet, dass Sie schriftliche Hausaufgaben zwar für sich intern bewerten, aber diese Zensur nicht in die Endzensur einfließen lassen können. Doch es gibt eine Möglichkeit, die Ihnen auch zeigt, ob die Hausaufgaben selbstständig gemacht wurden, ob der Sinn der Hausaufgaben, nämlich der, etwas zu verstehen, gefruchtet und ob es einen Lernzuwachs gegeben hat. Die Methode ist ganz einfach: Die Schüler*innen zeigen Ihnen, dass das, was sie gemacht haben, auch verstanden wurde. Bei einer Matheaufgabe ist das supereinfach nachzuvollziehen. Ging es hingegen darum, einen Text zu analysieren, bleiben die Hefte verschlossen und Sie stellen der Klasse mündlich einige Verständnisfragen. Wer seine Aufgaben verstanden hat, der kann das dann auch beantworten.

Richtigkeit von Hausaufgaben

Würdigung ist das eine, die Richtigkeit von Hausaufgaben ist das andere. Schüler*innen möchten, wenn sie etwas tun, auch eine Rückmeldung erhalten. Denn ohne eine Rückmeldung sind die Aufgaben für den Lernprozess nicht sinnvoll. Sie müssen die Aufgaben dazu nicht in der Klasse vorlesen, davon hat in der Regel niemand etwas. Lassen Sie lieber Gruppen bilden, die ungefähr auf dem gleichen Niveau gearbeitet haben, und diese sollen dann die Aufgaben miteinander vergleichen. Lassen Sie die Aufgaben untereinander korrigieren, geben Sie Lösungszettel heraus. Nehmen Sie jedes Wochenende die Hefte zur Korrektur mit nach Hause und sehen Sie alles durch. Bei längeren Aufsätzen bleibt Ihnen zudem nichts anderes übrig, als diese zu lesen. Bedenken Sie also beim Aufgeben der Hausaufgaben, dass Sie diese auch auf die ein oder andere Weise auf ihre Richtigkeit überprüfen müssen.

Fragen zu Hausaufgaben

Lassen Sie Fragen zu. Wer Fragen zu den Aufgaben hat, der taucht tiefer ein, ist interessierter an diesen Aufgaben und möchte mehr wissen. Unterbinden Sie diese nicht. Wenn Sie merken, dass diese Fragen nicht von Interesse für die Klasse sind, dann können Sie das Kind auch bitten, nach der Stunde kurz zu Ihnen zu kommen. Liegt wirkliches Interesse vor, wird es sich auch die Zeit dazu nehmen.

Hausaufgaben beaufsichtigen

Es ist heute nicht mehr so, dass die meisten Schüler*innen bei der Erledigung der Hausaufgaben von den Eltern beaufsichtigt werden. Gerade jüngere Kinder sind oft in Betreuungen untergebracht, entweder der Schule angegliedert oder auch von anderer Seite organisiert. Sprechen Sie mit den zuständigen Personen dort und klären Sie Fragen zu den Hausaufgaben. Geben Sie dort auch eine Möglichkeit an, wie man mit Ihnen in Kontakt treten kann. Zum Beispiel wenn die Aufgaben (öfter) unverständlich, zu lang oder zu schwer sind. Es hilft Ihnen eventuell mehr, eine Woche in einer solchen Einrichtung aktiv zu hospitieren, als für Fragen zur Verfügung zu stehen. Sie werden schnell merken, dass viele Lehrkräfte zu viele und zu schwere Aufgaben aufgeben, die die Schüler*innen nicht bewältigen können. Geben Sie lieber kurze und knappe Aufgaben auf, an denen man ein wenig grübeln muss. Aufgaben, die den Erfolg der Machbarkeit mit sich bringen, die Freude machen und vielleicht auch solche, bei denen die Schüler*innen ihre Lebenswirklichkeit mit der Schule verknüpfen können.

Wir zücken den Rotstift!

Tipps zum Erstellen von Leistungsüberprüfungen, zum Korrigieren und zur fairen Leistungsbewertung

Die Notenvergabe ist eine der schwierigsten Aufgaben einer Lehrkraft und das Beobachten und Beurteilen fällt nicht immer leicht. Auch die Erstellung von Lernkontrollen und Klausuren ist oft extrem schwierig und gelernt wird nur durch „Learning by doing".

Viele Bundesländer viele Wörter
Besonders hier ist es wichtig, die Begrifflichkeiten zu klären. Je nach Jahrgangsstufe, Schulstufe und Bundesland werden diese anders genannt. Damit klar ist, wovon gesprochen wird, sind hier drei Begriffe erklärt, die so oder auch anders genannt werden.
Test: kleine, schriftliche Leistungsüberprüfung (angekündigt oder auch unangekündigt), Probe, Ad-hoc-Aufgabe, Extemporale
Klassenarbeit: große schriftlich Leistungsüberprüfungen, Schulaufgabe, Klausur
Mündliche Überprüfung: Ausfrage

Zusammensetzung der Zensuren
Die Zensuren setzen sich in den unterschiedlichen Bundesländern unterschiedlich zusammen. Die schriftlichen Arbeiten nehmen in den Hauptfächern 50 % oder mehr ein. Wenn man bedenkt, dass es sich hier um eine Leistung von ca. drei Stunden handelt, dann ist dies im Vergleich zu dem, was die Schüler*innen leisten, ein ziemlich überbewerteter Anteil. Das bedeutet, dass die Zensurenvergabe gut überlegt sein muss. In den sogenannten Nebenfächern ist die Zensurenvergabe nicht ganz so eng festgelegt. Oft ist hier in den Fachkonferenzen eine Festlegung getroffen worden, wie viele Tests zu schreiben sind und welche Gewichtung diese in der Gesamtzensur bekommen. In die Gesamtzensur spielt also vieles mit hinein.

Tägliche Beobachtung notieren
Es klingt hart und nach sehr viel Arbeit und vor allem nach etwas, das Sie wahrscheinlich aus Ihrer eigenen Schulzeit gar nicht kennen. Aber es hilft viel. Setzen Sie sich täglich hin und schreiben Sie sich auf, wer von Ihren Schüler*innen wie im Unterricht mitgemacht hat. Die ersten Tage werden Ihnen dabei schrecklich vorkommen, doch Sie werden merken, dass Ihnen das einen ganz anderen Blickwinkel auf die einzelnen Schüler*innen ermöglicht. Wie können solche Beobachtungen aussehen? Natürlich können Sie sich ein Raster anlegen, in dem Sie die Anzahl der Meldungen notieren. Das reicht aber bei Weitem nicht aus. Ebenso wenig wie für gute Beiträge ein zusätzliches Sternchen zu vergeben, denn dann werden Sie den einzelnen Schüler*innen nicht gerecht. Machen Sie sich zu jedem Kind Notizen. Hat es gut mitgearbeitet oder eher nicht? Was kann die einzelne Person, was hat sie dazugelernt? Können Sie einen kontinuierlichen Lernzuwachs bei ihr ausmachen? Gibt es weitere besondere Auffälligkeiten? Durch diese Art der Aufzeichnung zwingen Sie sich selbst dazu, sich wenigstens kurz mit jedem Mitglied Ihrer Klasse zu beschäftigen. Ansonsten kann es Ihnen passieren, dass Sie ein Kind nicht bemerken. Geschieht das mal in einer Stunde, so ist das zu verkraften, passiert dies jedoch über Wochen, dann ist es für das Kind eine Katastrophe, denn es taucht sozusagen in all Ihren Überlegungen nicht auf. Schreiben Sie sich täglich etwas auf und Sie werden bemerken, wenn Schüler*in XY seit drei Tagen mehr oder weniger nichts von sich gegeben hat. Wenn Sie das wahrgenommen haben, werden Sie sich (hoffentlich) am folgenden Tag verstärkt darum kümmern. Diese Aufzeichnungen helfen Ihnen auch dabei, sich zu erinnern. Bekommen Sie spontan einen Anruf oder Besuch eines aufgeregten Elternteils, so können Sie sich innerhalb weniger Minuten orientieren und den Eltern ihre Fragen zumindest kurz beantworten, bevor Sie auf ein längeres Gespräch verweisen.

Wir zücken den Rotstift!

Das Messen der Leistung

Sie kennen das aus der eigenen Schulzeit, es gibt einen Test/eine Arbeit, die für alle gleich ist und manche beherrschen den dafür benötigten Stoff, andere aber nicht. Eigentlich müsste man die meisten Arbeiten nicht schreiben, denn die Schüler*innen wissen schon vorab, wie das Ergebnis aussieht. Im Mathe- oder Englischunterricht nimmt das jeder einfach so hin. Das ist so und ändert sich nicht. Nehmen wir aber einmal den Sportunterricht als Beispiel. In der Klasse 7 ist ein Fußballspieler, der äußerst durchtrainiert ist, im Verein spielt und an manchen Tagen eben nicht am Sportunterricht teilnehmen kann, weil er wegen Trainingsprogrammen gerade seinen Ruhetag hat. Dieser Schüler würde wahrscheinlich immer eine glatte Eins bekommen. Doch wären damit alle einverstanden? Kann er auch turnen, ist er fair im Umgang mit anderen usw.? All dies müsste eigentlich in der Sportzensur Berücksichtigung finden. Die Frage wäre dann eben auch, was er an den Tagen macht, an denen er nicht am Sportunterricht teilnimmt. Hier könnte er ja helfen und die schwächeren Schüler*innen unterstützen. Lange Rede, kurzer Sinn: Welche Zensur sollte dieser Schüler bekommen? Was tut er im Unterricht und vor allem welchen Lernzuwachs hat er? Wie sieht es bei einem anderen Kind aus, das es schafft, nach intensivem Üben schneller zu laufen, der die Regeln vom Brennball erklären kann, der weiter werfen kann als noch ein paar Wochen zuvor? Hier ist eigentlich klar, dass ein Kind nicht mit einem anderen gemessen werden kann – warum wird dann in Mathematik eine Aufgabe gestellt? Die Antwort ist eine individuelle Bewertung. Hier wird nicht nur das Endergebnis bewertet, sondern der Weg dorthin. Welche Strategien wenden die Schüler*innen an, wie arbeiten sie sich weiter an ein Ziel heran. Das bedeutet für Sie, dass Sie den kompletten Bearbeitungsweg beobachten? Am einfachsten kann man das mit einer Mathematikaufgabe vergleichen. Was kann das Kind zuvor, wie liest es die Aufgabe und welche Schlüsse zieht es aus bereits Gelerntem. Gleichzeitig bedeutet dies auch zu schauen, wie es den Rechenweg für andere transparent macht. Kann es anderen erklären, wie die Aufgabe zu lösen ist, und kann es das Ergebnis auch darstellen und auf etwas anderes übertragen? Und wie viel weiß dieses einzelne Kind letztendlich mehr als zuvor? Das ist die individuelle Leistung des*der Einzelnen. Ist stattdessen ein Kind in Ihrer Klasse, das etwas sehr gut kann, bevor Sie überhaupt angefangen haben, dies zu erklären, und bringt es sich in dieser Stunde aber nicht ein, so ist dies nicht nur ein schlechtes Zeichen für das Kind selbst, das dann effektiv gar keine Leistung erbracht hat, sondern vor allem für Sie, denn Sie haben es überhaupt nicht berücksichtigt.

Bewertung leistungsstarker Schüler*innen

Das klingt nun alles ein wenig danach, den schwächeren Schüler*innen bessere Zensuren zu geben und den leistungsstarken schlechtere. Das ist aber keineswegs der Fall. Wer etwas kann, muss für dieses Können auch belohnt werden. Aber es geht eben nicht einfach um reines Fachwissen, sondern auch um Übertragungen des Gelernten auf andere Bereiche und das Teilen von Wissen. Jemand, der etwas kann, kann immer noch besser werden, kann schwierigere Aufgaben angehen oder andere an seinem Wissen teilhaben lassen. Dieser Gedanke schützt auch stärkere Schüler*innen. Nicht nur leistungsschwächere Schüler*innen benötigen besondere Aufgaben und machbare Anforderungen, sondern auch die leistungsstärkeren. Sie können auch mehr leisten und werden dann anhand dieser Mehrleistung und ebenfalls des eigenen Leistungszuwachses bewertet. Zwar wird der Durchschnitt einer Klasse errechnet, doch dieser besagt gar nichts, denn es gibt keine*n durchschnittliche*n Schüler*in und mehrere davon gibt es schon gar nicht. Alle haben Stärken und Schwächen und es geht nicht darum, Schüler*innen ab der ersten Klasse auf diesen Durchschnitt festzulegen und einer Zensur zuzuordnen, sondern allen jeden Tag aufs Neue sowohl in den Stärken als auch den Schwächen zu fördern. Allen soll jeden Tag das Erlebnis ermöglicht werden, etwas Neues gelernt und Erfahrungen gemacht zu haben. Wer dies dann auch noch in Worte fassen und Beziehungen zu anderen Lerninhalten herstellen kann, wer Fragen stellt und die Fragen anderer beantworten kann, der hat wirklich etwas gelernt und muss auch eine entsprechende Bewertung dafür bekommen. Im Sportbereich würde dies zum Beispiel bedeuten, dass gute Einzelsportler*innen in einer Mannschaft unter Umständen gar nicht zurechtkommen, weil sie eben nicht in der Lage sind, sich einzubringen. Nicht ganz so gute Einzelsportler*innen hingegen können durch Aufbauleistungen viel mehr zur Gemeinschaft beitragen und das Team so weiterbringen. Als Lehrkräfte sollten wir uns

Wir zücken den Rotstift!

also zum Ziel setzen, beides zu fördern und damit alle Bereiche der Schüler*innen zu unterstützen. Die Bewertung ist zweitrangig.

Sympathien und Antipathien in der Bewertung

Fragt man Lehrkräfte, ob sie Lieblingsschüler*innen haben, so werden die meisten dies verneinen und sagen, dass sie alle Schulkinder gleich behandeln würden. Das sei professionell. In dem Moment sind diese Lehrkräfte nicht ehrlich. Jeder Mensch hat Sympathien und Antipathien anderen Menschen gegenüber. Beim einen sind sie ausgeprägter als beim anderen. Professionalität bedeutet nun, sich nicht davon beeinflussen zu lassen. Bewerten Sie Schüler*innen, die Sie mögen, nicht besser als die, die Sie nicht mögen. Oder gar umgekehrt. Nur dann, wenn Sie sich bewusst machen, dass Sie manche Schüler*innen mehr mögen als andere, ist eine faire Beurteilung möglich. Wer hingegen sich selbst sogar vormacht, dass er keine Lieblingsschüler*innen hat, der wird eher in seiner Bewertung genau diese Fehler einfließen lassen.

Blenden von der Aufmachung als Fehlerquelle in der Benotung

Man lässt sich leicht durch den äußeren Anschein blenden. Dazu ein einfaches Beispiel. Die Aufgabe lautete (Gymnasium, 6. Klasse, Erdkunde): „Stelle den Zusammenhang zwischen Angebot und Nachfrage am Beispiel von Erdbeeren dar." Die Aufgabenstellung beinhaltet keine Anweisung, in welcher Form die Darstellung erfolgen und welchen Umfang sie haben soll. Ein Mädchen schreibt eine ganze Seite in Schönschrift und malt als Krönung dazu noch an den Rand ein paar Erdbeeren. Die weibliche Lehrkraft liest diesen Text sehr gern und findet auch ihre eigenen Argumente darin wieder. Ein Junge aus derselben Klasse schmiert (man kann es leider nicht anders ausdrücken) in minimal kleiner Schrift, ohne die Linien zu beachten, zwei Zeilen. Vor dem Lesen ist schon eine gewisse Abneigung zu spüren, denn was nicht so schön aussieht, ist auch oft nicht gut, oder? Die zwei Zeilen beinhalten Folgendes: „große Ernte + geringe Nachfrage = geringer Preis/geringe Ernte + hohe Nachfrage = hoher Preis". Natürlich kann man dem Schüler sagen, dass die Aufgabe ein wenig schöner dargestellt werden könnte, vor allem lesbarer, die Lösung hingegen ist im Hinblick auf die gestellte Aufgabe jedoch genial. Hier wurde ganz klar auf den Punkt gebracht, wie Marktwirtschaft funktioniert. Gleiches kann Ihnen passieren, wenn Sie eine schön geführte, aber letztendlich inhaltslose Mappe in den Händen halten. Wenn Sie flüchtig etwas bewerten, das in Schönschrift geschrieben ist, sind Sie einfach eher dazu geneigt, es positiver zu bewerten, als etwas, das schwerer zu entziffern ist und unordentlich durchgestrichen wurde.

Die Gaußsche Normalverteilung

Jahrelang war das Aussehen dieser Kurve eine gern gestellte Prüfungsfrage.
Man lernte, dass, solange sich die Zensuren innerhalb dieser Kurve befanden, alles in Ordnung war. Es sollte wenige Zensuren im unteren Bereich (5 und 6) geben, mehrere schwache Zensuren (4), sehr viele im mittleren Bereich (3), weniger im guten Bereich (2) und letztendlich ganz wenige, die das Klassenziel im vollen Umfang erreichen konnten (1). Viele Lehrkräfte passten ihren Klassenspiegel sogar so an, dass die Verteilung dieser Kurve entsprach. Das darf nicht sein. Eigentlich muss die Aufgabe so gestellt sein, dass es allen möglich ist, sie im Rahmen der eigenen Möglichkeiten zu bewältigen. Gibt es zu viele gute Zensuren, dann war nicht die Arbeit zu leicht, sondern der Unterricht gut. Gibt es zu viele schlechte Ergebnisse, so waren Unterricht und Arbeit nicht aufeinander abgestimmt. Sind einige Ergebnisse weit unter dem minimalen Ziel, so gilt es, mit diesen Kindern zu arbeiten und sie weiterzubringen.

Korrigieren contra Bewerten

Nein, das ist nicht ein und dasselbe, aber miteinander verknüpft. Man kann eine Arbeit bewerten, ohne sie zu korrigieren, indem man einfach eine Zensur oder einen bewertenden Kommentar darunterschreibt. Eine Korrektur würde dann durchgeführt, wenn die falsch gelösten Aufgaben berichtigt oder zumindest angemerkt würden. Sie als Lehrkraft haben ganz klar einen Bildungsauftrag. Dieser erfordert von Ihnen, dass Sie korrigieren und Anmerkungen zu Verbesserungen machen. Eine Bewertung kann, muss aber nicht sein. Sie wollen alle Schüler*innen zu besseren Leistungen ermutigen und ihnen dabei helfen, diese zu erreichen. Das können Sie nur, wenn Sie jedem Kind einzeln zeigen, wie es seine ganz persönlichen Fehler vermeiden und Verbesserungen vornehmen kann.

Keinen Rotstift nutzen!

Ein roter Stift macht Fehler für jeden komplett sichtbar und zeigt den Schüler*innen, dass sie etwas nicht können. Das ist ein Versagen. Bereits in den 70er-Jahren begannen einige damals sehr fortschrittliche Lehrkräfte damit, eben keinen roten Stift mehr zu verwenden. Dabei gibt es noch einen anderen Gedanken. Überlegen Sie einmal, wie frustrierend es ist, eine Aufgabe zu lösen und dabei schaut einem jemand über die Schulter und bekommt mit, dass die Lösung nicht stimmt. Die Person zeigt dann mit dem Finger darauf und meint nur: „Das ist falsch!" Das kann gut gemeint sein, ist aber verletzend und vor allem demotivierend. Sie hören auf, vielleicht nicht beim ersten, aber beim zweiten Mal. Aber haben Sie schon einmal ein Computerspiel gespielt und hier teilweise tagelang versucht, ein Level zu meistern? Man versucht es wieder und wieder und noch einmal, bis es endlich gelingt. Manchmal legt man es auch erst zur Seite, dann fängt man ein paar Tage später wieder an. So lange, bis man es endlich geschafft hat. Die Korrektur in einem Text ist ähnlich. Jemand markiert alle Fehler, deutet auf diese hin und weiß auch noch um die Fehler Bescheid. Natürlich wissen Sie immer, wo ein Fehler gewesen ist, doch Sie müssen es nicht so offensichtlich tun. Sie können bei Übungsaufgaben einen Bleistift verwenden und so Ihre Korrektur wirklich nur als Hilfe anbieten. Die betreffenden Schüler*innen haben dann die Möglichkeit, Ihre Korrektur einfach wegzuradieren und die Aufgabe zu berichtigen.

Rechtschreibfehler, Grammatikfehler und inhaltliche Fehler

Egal, um was es sich handelt, es kann diese drei Fehlerarten enthalten. Es kommt nun darauf an, was Sie von den Schüler*innen erwarten. Was sollen sie lernen? Korrigieren Sie die Fehler nacheinander und lassen Sie die Aufgaben schrittweise verbessern. Erst die Rechtschreibfehler, dann die Grammatikfehler und schließlich die syntaktischen. Gehen Sie auf diese Art und Weise vor, dann lesen sich die Antworten für Sie leichter, die Schüler*innen lernen, wie etwas geschrieben und dargestellt wird, bewertet wird letztendlich nur das eigentliche Fachwissen.

Gegenseitige Bewertung/Korrektur

Personen, die auf einem (relativ) gleichen Lernniveau stehen, können sich gegenseitig bewerten. Dabei können die Schüler*innen sogar noch etwas lernen. Wenn Sie den Gedanken der Konkurrenz herausnehmen und eine Arbeit als besonders gut herausstellen, können Sie es schaffen, dass man die gegenseitige Leistung anerkennt. Jemand, der etwas besonders gut macht, muss gelobt werden. Doch etwas gut zu machen, bedeutet auch, sich selbst zu verbessern. Dies muss auch von anderen anerkannt werden. Die gegenseitige Bewertung bzw. Korrektur klappt nicht von heute auf morgen, sondern muss langsam vorangehen und überprüft werden. Das bedeutet, Sie müssen eine gegenseitige Bewertung/Korrektur zunächst noch einmal anschauen, bevor Sie es an die Schüler*innen zurückgeben.

Eigene Korrektur/Bewertung

Sich selbst zu bewerten, fällt nicht leicht. Es ist schwer, eigene Fehler einzugestehen und sich diese anzumarkieren. Werden sie einfach verbessert, hilft das auch schon. Man kann aber die Ziele ein wenig verändern. Schüler*innen, denen das Lernen schwerer fällt, können zum Beispiel die Aufgabe bekommen, all das zu markieren, was richtig ist. Wichtig ist nur, dass sie mehr richtige Aufgaben haben als in dem Test davor. Sie können sich das sogar als Ziel setzen. Von drei richtigen beim ersten Mal über fünf beim zweiten Mal zu noch mehr in den folgenden Aufgaben. So etwas spornt an und macht Mut, mehr lernen zu wollen. 20 Fehler hingegen sind einfach nur demotivierend.

Lösungen oder besser Lösungswege angeben

Man geht davon aus, dass Schüler*innen mehr lernen, wenn sie die eigenen falschen Aufgaben korrigieren, statt sie stehenzulassen. Halten Sie darum die Schüler*innen immer dazu an, etwas, das falsch ist,

Wir zücken den Rotstift!

richtig daneben hinzuschreiben. Sie können das, was falsch war, durchstreichen, wegradieren, wegkillen – Hauptsache das Richtige ist zu sehen. Doch wie kommen die Schüler*innen zu den richtigen Lösungen? Wer es einmal falsch gemacht hat, der weiß gar nicht, wie es richtig geht und kann es nicht ohne Hilfe verbessern. Manche Sachen (Wörter) kann man vorschreiben, bei anderen bietet es sich an, einen Beispiellösungsweg zu zeigen.

Schnelles Korrigieren/Bewerten
Schnell und gleichzeitig sorgfältig funktioniert oft nicht zusammen. Nehmen Sie sich Zeit. Das gehört zu Ihrer Arbeitszeit. Sorgen Sie dafür, dass Sie auch wirklich Ruhe haben und nicht nebenbei noch andere Dinge tun. Trotzdem sollten die eingesammelten Aufgaben zeitnah zurückgegeben werden, sonst verlieren die Schüler*innen den Bezug zu den Aufgaben. Wenn Sie korrigieren und nicht bewerten, bedeutet das jedoch nicht, dass Sie sich keine Notizen über den Lernstand machen sollen. Schreiben Sie sich die Entwicklung auf. Solange ein Zuwachs zu beobachten ist, handelt es sich um eine Verbesserung. Bei dem einen geht das schneller und bei dem anderen langsamer. Es bedeutet nicht, dass jemand, der langsamer startet, auch später ankommt. Jeder Mensch macht zu unterschiedlichen Zeiten unterschiedliche Entwicklungen durch und so ist eine regelmäßige, ungleichförmige Verbesserung völlig normal.

Verbesserungen
Ein Lieblingsspruch einer Lehrerin lautete: „Es ist keine Verbesserung, denn man kann sich damit nicht verbessern – nur berichtigen. Darum ist es eine Berichtigung. Es ist danach richtig!" Diese Einstellung führt dazu, dass man Schüler*innen nur etwas beibringt, um in einem Test zu zeigen, dass sie es können. Und zwar genau an dem Tag und zu der Zeit, wenn dieser spezielle Test geschrieben wird. Aber ist es das, was wir als Lehrkräfte wirklich möchten? Wir wollen doch vielmehr, dass Schüler*innen etwas behalten und sich jeden Tag schrittweise verbessern. Nicht die Arbeit muss berichtigt werden, das wird sie tatsächlich nicht besser machen, aber das Können und Wissen der einzelnen Schüler*innen kann verbessert werden. Darum macht eine Verbesserung schon Sinn. Und wenn man nach einer Arbeit/einem Test ein paar Tage verstreichen lässt und die Schüler*in noch einmal abfragt, so können sich die Ergebnisse verbessern. Es ist zwar nach dem Schulrecht nicht möglich, die Zensur einer Klassenarbeit zu verbessern, doch kann dies zumindest einen Ausgleich verschaffen und noch wichtiger ist es, dass die Schüler*innen auf diese Art und Weise lernen, ihre Lücken zu schließen. Und genau das ist es, worauf es ankommt.

Transparente Bewertungen
Sie arbeiten jeden Tag mit Ihren Schüler*innen zusammen, Sie schreiben sich jeden Tag etwas auf und sie sollten auch mit ihnen darüber sprechen, aber nicht diskutieren. Fragen Sie die Klasse um ihre Meinung, fragen Sie sie, wie sie ihre Verbesserung sieht, was sie dazugelernt hat und lassen Sie das eventuell in die Bewertung mit einfließen. Es mag sein, dass ein Kind sich sicher ist, etwas zu können, von dem Sie überzeugt sind, dass es das nicht kann. Testen Sie es – aber fair.

Mündliche Tests
In einzelnen Bundesländern ist es bis heute üblich, dass die Schüler*innen vor der Klasse befragt werden und mehrere Fragen hintereinander beantworten müssen. Natürlich müssen sie dies lernen und natürlich kann das eine Berechtigung haben – aber es kommt auf die Art und Weise an. Fragen Sie dabei nur Einwort-Antworten ab? Fragen Sie vielleicht sogar Dinge ab, auf die man mit Ja oder Nein antworten kann? Dann ist das nicht das, was Schüler*innen lernen müssen. Nehmen Sie Situationen, in denen Schüler*innen sowieso anfangen zu sprechen, und beginnen Sie ein Gespräch. Darin kann es Reaktionen und Gegenreaktionen geben. „Das ist interessant, weißt du mehr darüber?" oder „Erzähl das doch einmal so laut, dass alle es hören können!" nimmt viel mehr die Hemmungen, vor der Klasse zu sprechen. Versuchen Sie eine freundliche Atmosphäre zu schaffen, in der die Schüler*innen Sie als Partner*in und nicht als Gegner*in ansehen. Damit erreichen Sie mehr.

Wir zücken den Rotstift!

Zusätzliche Überprüfungen

Es kann sein, dass Sie sich bei einem Kind nicht sicher sind, was es kann, und Sie bitten es nun, mit Ihnen noch einmal den Stoff durchzugehen. Es kann auch eine Nachprüfung sein. Wie auch immer die Situation aussieht, seien Sie einfach fair. Gehen Sie auf die Personen ein und helfen Sie. Reiten Sie nicht auf einer Antwort herum, denn wenn jemand sie nicht kennt, dann wird es oft nicht besser, wenn man mehrfach dieselbe Frage stellt. Aber manchmal ist es hilfreich, wenn man zuerst eine andere Frage stellt und dann noch einmal auf die vorherige zurückkommt. Am besten ist es allerdings, wenn sich die Antwort in einem Gespräch entwickeln kann. Manchmal kann man auch um ein Thema herumfragen und sich langsam der eigentlichen Frage nähern. Antworten, die sich durch Nachdenken ergeben, sind oft hergeleitet, kommen sie wie aus der Pistole geschossen, sind sie eher auswendig gelernt. In bestimmten Situationen ist beides okay – das Einmaleins ist etwas, das auswendig gelernt das mathematische Leben erleichtern kann. Aber auch die Herleitung zeigt, dass die Schüler*innen es verstanden haben.

Fehleranalyse

Viel interessanter als zu ergründen, wie viele Fehler Schüler*innen gemacht haben, ist es, festzustellen, wie diese Fehler entstanden sind und ob sie sich häufen. Ein Beispiel aus der Rechtschreibung: Die Schreibung Butta, Mutta und Vata statt Butter, Mutter und Vater kann ein dialektaler Fehler sein. Schüler*innen lernen in Deutschland die Worte beim Lesen zu lautieren. Umgekehrt lautieren sie auch beim Schreiben und haben die Worte noch nicht als komplette Wortbilder verinnerlicht. Das ist nicht schlimm, darf aber nicht so stehenbleiben, sondern muss besprochen werden. Sind mehrere Schüler*innen betroffen, so liegt es wahrscheinlich an der Umgebung, trifft es hauptsächlich ein einzelnes Kind, fragen Sie nach, ob eine andere dialektale Grundlage (auch nur eine ganz schwache) vorliegen könnte. Einzelne Fehler, Flüchtigkeitsfehler sind normal, die macht jeder – Sie auch! Sie müssen aber ebenfalls korrigiert werden. Es gibt auch deutliche Abschreibfehler – hier werden oft nicht die Fehler kopiert, sondern Schriften falsch ausgelegt. Es gibt außerdem Vorsagefehler – so wird beim Hören schnell aus einer Zwei eine Drei. An Fehlern kann man auch leicht erkennen, welche Bereiche die Schüler*innen gut beherrschen und welche noch nicht. So kann es zum Beispiel sein, dass ein Kind Matheaufgaben immer falsch löst. Bei genauerer Betrachtung kommt heraus, dass es das Abziehen über den Zehnern nicht beherrscht. Eine solche Schwäche kann die kompletten mathematischen Fähigkeiten zunichtemachen. Fällt Ihnen ein solcher Fehler bei einem einzelnen Kind auf, so arbeiten Sie mit ihm und helfen Sie, die Lücke zu schließen. Hat die ganze Lerngruppe ein Problem, dann ist es nicht der Lerngruppe anzukreiden, sondern es muss schnell gemeinsam daran gearbeitet werden. Können viele Schüler*innen einer Klasse etwas nicht, dann haben Sie es entweder falsch gelernt oder das Thema ist einfach zu kurz gekommen.

Immer Test und Arbeiten zur Bewertung?

Die Antwort auf diese Frage lautet klar: Nein. Es gibt so viele Möglichkeiten, bei denen Schüler*innen ihr Wissen präsentieren können: Referate, Ausstellungen, Vorträge, Videoclips, Artikel, Portfolios, Rollenspiele usw. Je mehr Möglichkeiten Sie den Schüler*innen geben, ihr Wissen zu präsentieren und darzustellen, desto sicherer werden diese und desto mehr Angst verlieren sie auch vor dem Sprechen und Darstellen vor anderen. Wer dies in der Schule lernt, der hat später im Leben weniger Probleme damit.

Gruppenarbeiten

Nun haben Sie vorher schon gehört, dass Gruppen- oder auch Partnerarbeiten eine gute Arbeitsform sind – doch wie bewertet man das? Hier muss eine sehr differenzierte Bewertung vorgenommen werden. Sie können nicht eine Arbeit einer kompletten Gruppe mit einer Gesamtzensur bewerten. Schauen Sie noch einmal bei den Kompetenzen nach, welche die Schüler*innen erlernen sollen. Die Sachkompetenz ist davon nur ein geringer Teil. Natürlich müssen Sie eine Gesamtzensur für die Gruppe vergeben, doch jedes Mitglied muss zusätzlich noch mehrere Zensuren für seine Einzelleistung in diesem Gefüge erhalten. Wie hat es sich eingebracht, wie hat es mit anderen zusammengearbeitet und welcher Teil der Gruppenarbeit ist die Leistung einer einzelnen Person? Wenn Sie dies berücksichtigen, so wird nicht nur

Wir zücken den Rotstift!

das Ergebnis verbessert, sondern sie werden auch merken, dass die Personen, die die Gruppe tragen (oft die ruhigeren, im Hintergrund arbeitenden), bereitwilliger in der Gruppe arbeiten.

Täuschen, Schummeln, Abschreiben etc.

Schüler*innen neigen dazu, sich Spickzettel zu machen oder auf die ein oder andere Art einen Vorteil zu verschaffen. Glauben Sie nicht, dass viel Platz, Abdeckungen zwischen den Schüler*innen oder was Sie auch immer aufbauen, dabei hilft, dies zu vermeiden. Erklären Sie den Schüler*innen ganz klar vor Arbeiten, dass allein ein Täuschungsversuch dazu führen kann, dass eine Arbeit mit einer Sechs bewertet wird. Halten Sie das auch durch! Hier gibt es keine Entschuldigung! Klären Sie den Sachverhalt genau, dokumentieren Sie ihn und lassen Sie es auch vom betroffenen Kind unterschreiben. Machen Sie eine Kopie für sich und eine tackern Sie an die Arbeit an. Erkundigen Sie sich aber auch, wie in der Schule damit umgegangen wird. Gibt es da noch andere Vorgehensweisen? Behandeln Sie in einem solchen Fall wirklich alle gleich. Sagen Sie vor jeder Arbeit, vor jedem Test, dass Sie so vorgehen werden. Es gibt noch ein weiteres Problem, das an Schulen noch nicht so stark auftritt, den Schüler*innen jedoch von Anfang an klar sein muss. Im Internet stehen viele Texte. Im Internet findet man auch unendlich viele Lösungen. Hier etwas abzuschreiben, ist geistiger Diebstahl, Plagiat genannt. Wer abschreibt, muss zitieren und die Quelle nennen. Natürlich ist alles irgendwie schon mal gesagt worden, doch es kommt darauf an, ob man alle Informationen aus einer Quelle eins zu eins übernimmt oder ob man sich umfassend in mehreren Quellen informiert und dann seinen eigenen Satz schreibt. Je nach Alter müssen Sie das den Schüler*innen erklären und auch mit ihnen üben, wie man richtig zitiert. Eine Arbeit, die nicht die eigene ist, die abgeschrieben wurde, aus dem Internet, aus dem Buch oder von einer anderen Person, ist ebenfalls eine Täuschung und wird daher mit einer Sechs zensiert.

Nachschreiben

Allein dieses Wort löst bei vielen Lehrkräften schiere Panik aus. Eine neue Arbeit muss erstellt werden, die aber die gleichen Inhalte der alten haben muss und die dann ebenso bewertet werden kann, wie die erste. Bleiben Sie ruhig. Wenn Sie möchten, dann können Sie natürlich kleine Teile der Aufgabe verändern – aber da niemand die Aufgaben kopiert und mit den fertigen Lösungen in die Klasse kommt, um die Arbeit nachzuschreiben, ist es eigentlich nicht der Mühe wert, eine komplett neue Arbeit zu erstellen. Muss ein Aufsatz geschrieben werden und die Schüler*innen wissen vorab, dass es sich um eine Bildbeschreibung handeln wird, was hat dann das Kind, das krank war, davon, wenn es weiß, dass es sich um die Beschreibung eines Waldbildes handelt. Oder wenn es vorher wusste, dass es um stumpfe, rechte und spitze Winkel geht und es nachher weiß, dass genau diese Winkel abgefragt wurden. Diese Mühe können Sie sich wirklich sparen. Lassen Sie das betroffene Kind auch nicht gleich am ersten Tag nach einer Krankheit nachschreiben. Vielleicht war es nur ein Unwohlsein, vielleicht aber auch ein Infekt, der es wirklich geschwächt hat. Sie können das nicht wissen, darum lassen Sie lieber ein bis zwei Tage verstreichen. Das ist einfach fairer.

Im Zweifel für den Schüler

Seien Sie fair. Schüler*innen können zwischen zwei Zensuren stehen. Geben Sie lieber eine Zensur mit einem langen und dicken, aber unsichtbaren Minus, als die Zensur mit dem dicken, ebenfalls unsichtbaren Plus.

Weitere Informationen für Sie

R. Chise, D. Leschnikowski-Bordan, J. Schneider, M.-C. Wicker: Leistung messen und bewerten – Das Praxisbuch: Profi-Tipps und Materialien aus der Lehrerfortbildung, Auer Verlag 2019.
M. Fröhlich, C. Rattay, J. Schneider: Effizienter korrigieren – Das Praxisbuch: Profi-Tipps und Materialien aus der Lehrerfortbildung, Auer Verlag 2015.

Zoff im Klassenraum

Kleine Neckerei oder handfestes Mobbing?

Wo Menschen sind, kommt es zu Streitereien, Missverständnissen Auseinandersetzungen. Aber es kommt auch zu Sticheleien, Neckereien und Mobbingfällen. Das Problem dabei ist, dass in manchen Fällen gar nicht klar ist, worum es sich genau handelt, und so kann es zu Missverständnissen kommen, unter denen manche Menschen sehr stark und sehr lange zu leiden haben. Doch was kann man tun und wo muss die Grenze gezogen werden?

Mobbing hat viele Gesichter:
- Schüler*in gegen Schüler*in
- Lehrkraft gegen Schüler*in
- Schüler*in gegen Lehrkraft
- Lehrkraft gegen Lehrkraft
- Eltern gegen Lehrkraft
- Eltern gegen Schüler*in

Lustig gemeinte Neckereien

Es ist nun so, dass es nicht ernst und traurig in Klassenzimmern sein sollte. Wer fröhlich ist, wer gern kommt, der lernt lieber. Darum muss es lustig zugehen und dabei kann es auch von Zeit zu Zeit einen Witz auf Kosten einer Person geben. Doch das darf nicht immer ein und dieselbe Person sein. Jeder muss einmal an die Reihe kommen und vor allem auch die Lehrkraft. Außerdem dürfen die Witze nicht beleidigend sein und die Person, die betroffen ist, muss auch mitlachen können. Witze über jemanden, der zu dick ist oder der etwas nicht kann, sind von vornherein nicht möglich. Viel besser ist es, über einen Sachverhalt Spaß zu machen, sodass alle miteinander lachen können.

Fließende Grenze

Die Grenze zwischen einer Neckerei und etwas, das als Mobbing empfunden wird, kann fließend sein. Schüler*innen können sich durch Witze belästigt fühlen, wenn andere Schüler*innen oder auch Lehrer*innen diese machen. Selbst wenn die betroffene Person mitlacht, muss das nicht bedeuten, dass sie das auch wirklich lustig findet.
Ist es immer ein und dasselbe Kind, so kann sich dies schnell zu einer Routine entwickeln, die zu einem versteckten Mobbing führen kann.

Mobbing: Schüler*in gegen Schüler*in

Es spielt keine Rolle, ob ein einzelnes Kind oder mehrere ein anderes ärgern und unter Druck setzen. Mobbing kann hier von einfachem Ärgern über Hänseleien, Bloßstellung (auch über Social Media) bis hin zu körperlicher Gewalt gehen. Oft erkennt man dies als Lehrkraft oder auch als Elternteil sehr spät. Häufig sucht das Opfer sogar Kontakt zu den Täter*innen und wird immer wieder in merkwürdige Situationen gebracht. Hier ist Hilfe dringend erforderlich.

Schüler*innen zuhören

Kommen Schüler*innen (oder auch Eltern) zu Ihnen und erzählen davon, dass sie selbst oder ein anderes Kind geärgert werden, so nehmen Sie dies ernst. Es ist nichts, das man einfach so abtun kann. Die betreffenden Schüler*innen leiden. Je mehr Sie über die Situation erfahren, desto besser können Sie handeln. Nehmen Sie die Schüler*innen ernst, dann erfahren Sie mehr. Machen Sie nie den Vorschlag, einfach in zwei verschiedene Ecken des Schulhofs zu gehen.

Zoff im Klassenraum

Trennungen herbeiführen
Mobbingopfer müssen erst einmal von den Tätern getrennt werden. Haben Sie einen Verdacht, so versuchen Sie die Personen möglichst weit auseinanderzuhalten. Diese Schüler*innen dürfen keine Arbeiten zusammen erledigen.

Experten einladen
Wie schon gesagt, es gibt verschiedene Formen des Mobbings – alle können sehr verletzend sein. Es ist gut, wenn nicht Sie immer wieder darüber reden, sondern wenn die Schüler*innen von anderen Seiten über Mobbing informiert werden. Psycholog*innen halten Vorträge darüber. Sie zeigen vor allem auf, welche Folgen dies für ein Opfer und auch für die Täter*innen haben kann und an wen man sich wenden kann und muss, wenn man das Opfer ist oder auch nur Zuschauer*in. Denn Zuschauer*innen werden ebenfalls zu Täter*innen, wenn sie nicht einschreiten. Bei kleineren Verstößen kann es dem Opfer helfen, wenn andere Schüler*innen ihm zur Seite stehen, mit ihm reden, lachen und es beschützen.
Auch die Polizei bietet Fortbildungen an. Hier wird den Schüler*innen sehr schnell deutlich, dass Mobbing eine strafbare Handlung ist, die Konsequenzen für die Täter*innen hat, und zwar strafrechtliche Konsequenzen. Selbst dann, wenn diese noch jünger als 14 Jahre sind, wird das Jugendamt eingeschaltet und es drohen Konsequenzen. Die Polizei kann außerdem im Besonderen über Mobbing in sozialen Netzwerken berichten, das Schüler*innen richtig bedrängen und fertigmachen kann.
Psycholog*innen, die Polizei und das Jugendamt sind für Sie da, wenn Sie das Gefühl haben, dass Mobbing zwischen Schüler*innen vorliegt.

Mobbing: Schüler*in gegen Lehrkraft
Denken Sie einmal daran, wie man außerhalb der Schule über Lehrkräfte spricht. Es gibt einige wenige, die toll waren, die meisten jedoch zieht man eher ins Lächerliche. Und auch in der Schulzeit macht man dies gern. Die Lehrkraft, die rückwärts vor den Kartenständer läuft, diejenige, die immer das Licht ein- und ausschaltet, wenn sie den Klassenraum betritt, die mit der Haartolle, die sie immer wieder mit den Fingern der rechten Hand nach hinten wirft, und die Lehrkraft (gern Physik oder Mathematik), die man so schön aus dem Konzept bringen kann, wenn man über bestimmte Phänomene redet. Solange dies nur ein bisschen neckend ist, ist das noch harmlos. Neckt man zum Beispiel eine Lehrkraft, weil sie unleserlich schreibt oder Ähnliches und die Person kann auch selbst darüber lachen, so ist das in Ordnung. In dem Moment, in dem die Lehrkraft sich dadurch gestört fühlt, in dem der Unterricht ins Stocken gerät oder sogar nicht mehr durchführbar ist, handelt es sich um eine extra herbeigeführte Schädigung der Lehrperson. Lehrer*innen, die über solche Angriffe, selbst wenn sie stören, lachen können, sind häufiger immun dagegen. Schüler*innen stellen dann das Ärgern eher ein, da sie merken, nichts erreichen zu können. Schüler*innen können gemein sein, sie nutzen Schwächen aus und bohren gerade in diesen Schwächen herum. Sie selbst müssen im Klassenzimmer das Sagen haben. Leben Sie Respekt vor, dann wird man Ihnen auch Respekt entgegenbringen. Versuchen Sie jedoch, Ihre Macken zu kennen und im Griff zu haben.

Wenn das nicht reicht?
Bekommen Sie es allein nicht in den Griff, dann holen Sie sich Hilfe aus dem Kollegium. Sprechen Sie dieses Thema bei einer Person, der Sie vertrauen, direkt an und fragen Sie einfach, was man tun kann. Die Ratschläge können gegenseitige Hospitationen nach sich ziehen, Gespräche mit einzelnen Schüler*innen oder auch der ganzen Klasse. Wenn das noch immer nicht reicht, dann muss die Schulleitung eingeschaltet werden. Merken Sie, dass es für Sie zu viel wird und Sie dringend Hilfe brauchen, dann holen Sie sich diese. Es ist keine Schande, darüber zu reden. Ansonsten kann Sie das kaputtmachen. Geht das Mobbing gar über mehrere Jahre, dann ist ein Neuanfang an einer anderen Schule ratsam.

Mobbing: Eltern gegen Lehrkräfte
Eine andere Form des Mobbings kann erst einmal eine gewisse Zeit gar nicht spürbar sein und plötzlich sehen Sie sich mit Schwierigkeiten konfrontiert, von denen Sie gar nicht wussten, dass Sie diese hatten.

Zoff im Klassenraum

Gemeint sind die Eltern. Sie treten in Schulen erst einmal recht wenig in Erscheinung, denn Sie haben es ja in erster Linie mit deren Kindern zu tun. Nun ist es aber so, dass Eltern sich in der Regel kennen und sich austauschen. Man redet auch gerne, besonders über Personen, und so kann es passieren, dass plötzlich Dinge im Raum stehen, die nie passiert sind, die man Ihnen jedoch andichtet. Sie sind wegen Ihrer Ausbildung bzw. nicht vorhandenen Ausbildung gar nicht wirklich qualifiziert, eine Lehrkraft zu sein, man hat dies und das aus dem Unterricht vernommen, die Schüler*innen tanzen Ihnen sowieso auf der Nase herum und dann im kommenden Schuljahr, wenn dann wieder eine richtige Lehrkraft da ist, dann wird man ja sehen. Vielleicht sind es die Hausaufgaben, vielleicht Ihre Kleidung oder etwas ganz anderes. Wenn Ihnen so etwas zu Ohren kommt, atmen Sie erst einmal tief durch. Das passiert nicht nur Ihnen, das passiert nicht nur Quereinsteiger*innen, das passiert fast jeder Lehrkraft irgendwann in ihrer Laufbahn. Mal ist man zu jung, mal zu alt, mal bevorzugt man angeblich ein Kind besonders, mal lehnt man ein anderes ab. Durch aktive Elternarbeit lässt sich so etwas meist bereits im Keim ersticken – doch ganz abschalten werden Sie es nie können. Laden Sie am besten eine*n der Elternschaft bekannte*n Kolleg*in ein, mit Ihnen zusammen einen Elternabend zu moderieren. Sprechen Sie sich vorher gut ab, lassen Sie sich von der anderen Person mit all Ihren Vorzügen (das fällt uns in Deutschland superschwer, darum ist das einfacher, eine andere Person übernimmt dies) darstellen und sprechen Sie dann ein paar allgemeine Themen wie Hausaufgaben, Mitarbeit, Zensurenvergabe usw. an. Fragen Sie die Eltern, ob es weitere allgemein interessante Themen gibt. Fallen einzelne Namen, brechen Sie ab oder lassen Sie Ihre*n Kolleg*in abrechen – bieten Sie dazu persönliche Gespräche an. Stellen Sie Ihre Positionen klar und deutlich dar – übertreiben Sie nicht, seien Sie offen für Vorschläge, aber bleiben Sie freundlich bestimmt. Gehen Sie nicht in den Gegenangriff nach dem Motto „Angriff ist die beste Verteidigung" über, schimpfen Sie nicht über die Schüler*innen, scheren Sie nicht alle über einen Kamm. In der Regel hilft so etwas – ansonsten finden Sie noch viele weitere Tipps unter dem Thema „Elternarbeit".

Mobbing: Eltern gegen Kolleg*in
Wenn die Eltern gegen eine andere Lehrkraft aus Ihrem Kollegium sind, dann nehmen Sie zunächst weder die eine noch die andere Position ein. Hören Sie sich beide Seiten an, egal ob die Eltern an Sie herantreten oder die betroffene Lehrkraft Sie ins Vertrauen zieht. Es kann immer sein, dass Kolleg*innen aus Gründen, die sie gar nicht zu verantworten haben, abgelehnt werden. Machen Sie sich schlau, hören Sie sich die Elternmeinungen und die Meinung der Lehrkraft an. Sind es tatsächliche Probleme, so kann an diesen vielleicht mithilfe der Schulleitung gearbeitet werden. Handelt es sich dabei lediglich um Gerüchte oder üble Nachrede, so sollte auch hier die Schulleitung eingeschaltet werden.

Mobbing: Eltern gegen Schüler*in
Es gibt Situationen, in denen ein Kind allein für einzelne Missstände oder auch für ein schlechtes Klassenklima verantwortlich gemacht wird. Sie werden dies zu spüren bekommen. Entweder kommt es plötzlich auf dem Elternabend zu Auseinandersetzungen oder Sie erhalten vermehrt Anrufe aufgeregter Eltern. Natürlich ist es möglich, dass ein Kind schwierig ist und den Unterricht stört.
Ihre Aufgabe ist es, hier wirklich gegenzusteuern. Schützern Sie die betroffenen Schüler*innen und auch deren Eltern. Sprechen Sie die Elternvertreter*innen an. Geben Sie aber keine persönlichen Informationen heraus, die nicht mit den Eltern des betroffenen Kindes abgeklärt sind. Viele Anschuldigungen sind nicht richtig. Vielfach entsteht eine Art Hetze gegen das Kind. Die anderen Eltern warten nur darauf, dass etwas passiert und fragen die eigenen Kinder täglich nach neuen Vorfällen. Versuchen Sie, die Situation zu entspannen. Versichern Sie den Eltern, dass das Lernklima nicht darunter leidet.

Mobbing: Schüler*in gegen Kolleg*in
Sie bekommen mit, dass sich Ihre Schüler*innen über andere Kolleg*innen lustig machen, sie ärgern und deren Unterricht absichtlich stören möchten. Stellen Sie sich schützend vor die andere Lehrkraft. Egal, welches Verhältnis Sie zu diesen Kolleg*innen haben, nehmen Sie sie in Schutz. Es macht Sie vielleicht für einen Moment bei den Schüler*innen unbeliebter, doch letztendlich schützen Sie Ihre Kollegin*Ihren

Zoff im Klassenraum

Kollegen. Das wünschen Sie sich doch im Gegenzug ebenso. Versuchen Sie herauszufinden, ob es sich bei dieser Art des Mobbings um einmalige Aktionen handelt, die man dann zwar klar ablehnt, aber ihnen keine weiteren Bedeutungen zukommen lassen muss. Außerdem ist es wichtig, wie die betroffene Person reagiert. Es kann sein, dass diese das auch lustig findet und solange alle Freude haben, mischen Sie sich bitte nicht ein! Doch kommt das öfter vor, sind es gemeine Attacken, schädigende oder beleidigende Vorhaben, so greifen Sie ein, sprechen Sie die Lehrkraft an und bieten Sie Hilfe an. Lachen Sie keinesfalls einfach darüber und tun es ab. Sie möchten auch, dass man Ihnen hilft, wenn Sie sich einmal in einer solchen Situation befinden.

Mobbing: Kollegium gegen Lehrkraft

Gespräche verstummen, wenn Sie den Raum betreten. Man verwehrt Ihnen den Zugang zu Materialien, nach denen Sie fragen. Wenn Sie eine Frage stellen, bekommen Sie nur merkwürdige Antworten. Man erklärt Ihnen nichts und man lässt Sie einfach im Regen stehen. Passiert das in den ersten Tagen, so kann das normal sein, Sie sind neu, die anderen kennen sich. Bringen Sie einen Kuchen mit und bieten Sie Ihre Hilfe an (vielleicht können Sie etwas besonders gut, z. B. Kopierer zum Laufen bringen oder Sie kennen sich im Internet aus). Passiert das jedoch plötzlich und andere wenden sich von Ihnen ab, dann fragen Sie nach. Wenden Sie sich an eine Person, die Sie besonders gut kennen oder mit der Sie sich gut verstehen. Wie reagiert diese Person auf Sie und was sagt Sie zu all dem?
Kommen Sie zu keiner Lösung, so wenden Sie sich an Ihre Schulleitung oder die Stellvertretung.

Vorab Verbindungen aufbauen

Man muss sich in ein gewachsenes Gefüge einpassen, man muss mitlachen und man muss sich immer wieder einbringen. Lehrkräfte, die sich hinter eigenen Aufgaben verstecken und andere nicht teilhaben lassen, haben es schwerer. Nun kommen Sie neu dazu und haben sicherlich viele Fragen. Die müssen Ihnen beantwortet werden – aber verteilen Sie das ein bisschen. Vor allem bringen Sie etwas von sich so ein, dass die anderen auch merken, dass Sie etwas von Ihnen haben. Welche besonderen Kenntnisse und Begabungen haben Sie? Bieten Sie Dinge an, die Sie können und die Ihnen leichtfallen. Sie haben ja aus einem bestimmten Grund diesen Beruf gewählt und sicherlich eine gewisse Affinität zu Kindern. Nutzen Sie das. Spielen Sie sich nicht als Besserwisser*in auf – aber gehen Sie in Situationen, die sich ergeben, proaktiv auf die Kolleg*innen zu und bieten Sie Hilfe an (Zuhören, Hilfe bei Gesprächen, Hospitationen).

Mobbing: Lehrkraft gegen Schüler*in

Gehen wir davon aus, dass Sie wissen, dass man das nicht macht. Doch manchmal hat man einfach den Drang dazu, jemanden ein wenig zu necken. Überlegen Sie sich das wirklich gut. Es gibt Schüler*innen, die vertragen das, andere können bei wirklich harmlosen Sätzen schon in Tränen ausbrechen oder aber den Frust in sich hineinfressen. Vielleicht haben Sie mit Ihrer Äußerung genau den wunden Punkt getroffen. Selbst Schüler*innen, die sehr selbstbewusst wirken, haben wunde Punkte und können in vielen Fällen nicht mit auf ihre Person bezogenem Humor oder Ironie umgehen. Kinder im Grundschulalter verstehen Ironie in der Regel noch gar nicht. Darum seien Sie extrem vorsichtig und für den Fall, dass Ihnen doch etwas herausrutscht, entschuldigen Sie sich und sagen, dass Sie das nicht so gemeint haben. Erzählen Sie von etwas Dummem, das Ihnen selbst passiert ist, das dem ähnelt, und lachen Sie gemeinsam mit dem Kind.
Bekommen Sie mit, dass eine andere Lehrkraft einen Schüler oder eine Schülerin bloßstellt, dann helfen Sie dem Kind und bauen Sie es auf. Erzählen Sie vor mehreren und auch vor dessen Ohren, was es Tolles geleistet hat. Nehmen Sie dann die andere Lehrkraft zur Seite und reden Sie mit ihr.

Augen auf!

Ganz wichtig ist bei all dem, dass Sie nicht die Augen verschließen und hoffen, dass Sie nicht involviert werden. Tun Sie etwas und helfen Sie den betroffenen Schüler*innen und Kolleg*innen. Wegschauen macht Sie zu einem Mittäter oder einer Mittäterin!

Partnerschaft statt Gegeneinander

Schüler*innen- und Elternarbeit geht weit über das Unterrichten hinaus

Nehmen wir an, dass Lehrpersonen Dienstleister*innen sind. Die Kund*innen sind die Schüler*innen, mit denen sie jeden Tag zu tun haben. Sie erziehen die Schüler*innen jedoch nicht allein und auch nicht hauptsächlich. Der größere Teil der Erziehung wird von den Eltern übernommen und in der Regel wollen die Eltern auch wirklich nur das Beste für ihre Kinder. Gehen wir davon aus, dass auch Sie das Beste für Ihre Kund*innen, also die Schüler*innen, möchten, dann sind ein gemeinsames Ziel und eine gemeinsame Basis vorhanden. Vergewissern Sie sich immer wieder, dass dieses gemeinsame Ziel vielleicht aus unterschiedlichen Blickwinkeln gesehen wird, aber immer noch dasselbe Ziel ist. Sie müssen sich einigen und Sie müssen miteinander eine Lösung finden. Nicht zuletzt muss auch der Kunde*die Kundin, also das Schulkind, mit in diese Lösung einbezogen werden.

Ihr Einstand in der Klasse

Können Sie sich vorstellen, wie neugierig die Schüler*innen auf neue Lehrkräfte sind? Auch die Eltern sind neugierig. Natürlich können Sie nicht, wenn Sie zum Beispiel Physik und dadurch viele Klassen einstündig unterrichten, jedes Klassenmitglied einzeln aufsuchen, selbst als Klassenleitung ist dies relativ unmöglich. Aber Sie können etwas anderes tun: Sie können vorab (meistens in den Sommerferien) an die Schüler*innen Ihrer Klasse eine Karte schicken. Erklären Sie, wer Sie sind und dass Sie sich auf das kommende Schuljahr freuen. Sie können außerdem einen kurzen Brief an die Elternsprecher schreiben. Auch da reichen ein paar Angaben zu Ihnen, wer Sie sind und dass Sie sich auf eine Zusammenarbeit im kommenden Schuljahr freuen.

Ihre Position als Quereinsteiger*in

Das ist ein wenig schwierig. Nehmen wir einmal an, dass Sie im Krankenhaus arbeiten möchten. Sie haben vielleicht medizinische Grundkenntnisse, aber Sie haben noch nie Patient*innen betreut. Diese hätten nun mit Sicherheit ein gemischtes Gefühl und würden sich fragen, ob Sie über ausreichende Erfahrung verfügen. Haben Sie genügend Routine, um sich wirklich mit den Patient*innen auseinanderzusetzen? Vielleicht haben Sie aber auch neue Ideen und Erfahrungen, die Sie in das eingefahrene System bringen. Nun möchten und werden Sie in den kommenden Monaten und vielleicht Jahren Kinder unterrichten – Kinder sind das Wertvollste, was ihre Eltern haben. Darum stellen Sie hohe Erwartungen an das, was in der Schule passieren soll. Einerseits erwarten sie Fachleute und Professionalität und andererseits Menschlichkeit und Verständnis. Einerseits ist der Lehrberuf nicht leicht und andererseits sollen Sie ihn ohne Ausbildung ausüben. All das sind Widersprüche, mit denen Sie sich auch sicherlich schon auseinandergesetzt haben. Kommen die nun den Eltern zu Ohren, kann gleich das Gerede losgehen und sogar etwas wie Mobbing daraus entstehen, weil Sie keine „richtige Lehrkraft" sind. Geben Sie schlechte Zensuren, dann liegt das an Ihrer mangelnden Ausbildung, nicht an dem Kind, das versagt haben könnte (was Sie natürlich auch verhindern möchten!). Ist das Ganze aber ein Gerücht und Sie stehen nicht dazu, so wird das ganz schnell noch weitere Kreise ziehen und Sie werden verwundert sein, was man in Ihren Lebenslauf hineindichtet. Daher ist es wichtig, dass Sie sich in den ersten Tagen mit den Schüler*innen eine gute Basis schaffen. Beobachten Sie, was in den parallelen Klassen gemacht wird, halten Sie sich daran, seien Sie vorbereitet und haben Sie keine Angst. Treten Sie offen, bestimmt und kompetent auf. Sie haben ja bisher nicht nichts gemacht, Sie haben eine Ausbildung, Sie können etwas und dieses Fachwissen oder auch pädagogische Wissen können Sie in den Beruf einbringen. Mehr noch, Sie sehen das Ganze von einer anderen Seite. Im Gegensatz zu vielen Lehrkräften, die nie etwas anderes gesehen haben als Schule/Hochschule/Schule, die ständig im Bewertetwerden und Bewerten festhingen, die vielleicht einmal einen Nebenjob im Studium hatten, haben Sie etwas ganz anderes erlebt. Sie können viel mehr in die Schule einbringen. Sie wissen, welche Anforderungen draußen, außerhalb der Schule, warten und Sie

Partnerschaft statt Gegeneinander

verstehen vielleicht die Eltern in manchen Bereichen besser. Machen Sie sich immer wieder bewusst: Sie sind nicht schlechter qualifiziert, nur anders und das, was Ihnen fehlt, das lernen Sie. Und was glauben Sie, wie viele Lehrer*innen auf der anderen Seite ein Fach unterrichten, das sie gar nicht studiert, sondern „nur" beim Unterrichten gelernt haben?

Elternarbeit ist viel:
- Elternabende
- Elternnachmittage/-abende mit Schüler*innen
- Elternstammtische
- Elternsprechtage
- Elterngespräche
- Elternmitarbeit

Geplanter Elternabend am Anfang des Schuljahres

Sie sind nicht die erste und bei weitem nicht die letzte Lehrkraft, die vor einem Elternabend ein komisches Gefühl hat. Mit den Kindern hat das ja noch ganz gut geklappt, zumindest die ersten Tage, aber wie das nun mit den Eltern wird, das muss sich erst zeigen. Vorab: Es ist nicht ganz leicht, doch mit ein paar Tricks und Kniffen können Sie so manche Hürde gut umschiffen und werden es schaffen.

Vorbereitung: Nehmen Sie einen Elternabend ernst. Sie werden vielleicht von (erfahrenen) Kolleg*innen hören, dass es ganz einfach sei und man den Eltern nur irgendwas erzählen müsse, dann würde das schon alles funktionieren. Das stimmt so nicht. Der Elternabend ist Ihr Eintritt, Ihre Vorstellung bei den Eltern. Planen Sie diesen Abend so gut es geht, fast noch besser, als Sie das mit einer Stunde tun. Überlegen Sie sich, wer außer Ihnen und den Eltern noch da sein wird: eine andere Lehrkraft, mehrere andere Lehrer*innen, alle Lehrer*innen der Klasse. Das kann von Schule zu Schule verschieden sein und muss geplant werden. Was wollen Sie den Eltern mitteilen? Was ist wichtig?

Die *Einladung* wird Ihnen an manchen Schulen von der Schulleitung ausgehändigt, an anderen Schulen schreiben Sie diese selbst. An manchen Schulen legen Sie den Termin fest, an anderen gibt es einen allgemeinen Termin für alle Klassen. Sollten Sie den Termin selbst festlegen, dann sprechen Sie sich vielleicht mit den Lehrkräften der Parallelklassen ab, damit Sie einen gemeinsamen Termin wählen. Außerdem sollten Sie die Elternvertreter*innen des letzten Jahres, die noch im Amt sind (es sei denn die Kinder haben die Klasse verlassen), ansprechen, um den Termin mitzuteilen oder abzustimmen. In manchen Bundesländern sind die Elternsprecher*innen diejenigen, die zum Elternabend einladen und ihn leiten. Viele möchten das aber gar nicht. Stimmen Sie sich ab, damit Sie niemanden übergehen und schreiben Sie die Einladung eventuell gemeinsam – ganz aus der Hand nehmen lassen sollten Sie sich das nicht, denn dies kann zu Problemen führen.

Stimmen Sie die *Tagesordnung* mit Ihren Kolleg*innen ab. Erkundigen Sie sich, ob bestimmte Themen anliegen (Klassenfahren, Aufklärung etc.), die besonders zu beachten sind. Informieren Sie sich auch, was genau hier zu machen ist (wird bei Klassenfahrten z. B. das Geld angezahlt?). Gibt es Ziele? Oder lassen Sie die Eltern/Schüler*innen Vorschläge machen?

Setzen Sie sich einen *Zeitrahmen*. 60 Minuten sind prima, bis zu 90 Minuten sind okay – alles Weitere wird zu einer schwierigen Veranstaltung. Es kann sein, dass man Ihre Position anspricht, dass Ihre Ausbildung zum Thema wird, gehen Sie proaktiv damit um. Geben Sie Ihren Lebenslauf (kurz) bekannt und betonen Sie dabei alle für eine pädagogische Ausbildung wichtigen Schritte. Betonen Sie auch das, was Sie darüber hinaus qualifiziert (Übungsleitertätigkeiten, Betreuung von Jugendgruppen, Nachhilfe, fachbezogene Kenntnisse, Kenntnisse aus dem medizinischen Bereich, Computerkenntnisse, Fremdsprachen etc.).

Vorbereitung: Stellen Sie sich vor, Ihre Schwiegereltern kämen das erste Mal zu Ihnen zu Besuch und es sähe ein wenig schlampig aus. Würden Sie dann sagen: „Dein Sohn/deine Tochter hat nicht aufgeräumt.", oder etwas Ähnliches oder würden Sie gemeinsam mit Ihrem oder Ihrer Partnerin (notfalls auch gezwungen) aufräumen? Sie würden aufräumen und das tun Sie auch mit Ihrer Klasse. Kommen

Partnerschaft statt Gegeneinander

nach Ihrer Schulstunde anschließend noch Fachlehrkräfte in Ihren Klassenraum, fragen Sie nach Freiwilligen, die nach dem Unterricht noch einmal kurz mit Ihnen zusammen die Klasse anschauen. Lassen Sie die Tafel mit einem „Herzlich willkommen" bemalen und die Schüler*innen Namensschilder für die Eltern basteln. Stellen Sie alles Positive aus, das bei Ihnen entstanden ist (Bilder, Bastelarbeiten, Aufsätze, Steckbriefe, Mathetricks etc.). Damit das nicht ganz so auffällig ist, können Sie ja schon in der Woche davor damit beginnen. Machen Sie sich Gedanken über die Sitzordnung. Lassen Sie die Tische so stehen? Gruppentische sind sinnvoll, wenn die Eltern in Gruppen eine Arbeit gemeinsam lösen sollen. Können aber sonst auch eher zur Ablenkung führen. Ein Stuhlkreis kann von Eltern als zu eng empfunden werden, ist aber für ein gemeinsames Gespräch sinnvoll. Eine U-Form der Tische und Stühle schafft zwar ein wenig Distanz, lässt aber auch mehr eigenen Raum und richtet den Blick nach vorne. Sehen Sie den *Elternabend* an wie eine Unterrichtsstunde. Sie haben diese gut vorbereitet, Sie wissen, was Sie sagen sollen und Sie wissen auch, dass Sie teilweise auf Änderungen eingehen müssen. Am besten sind Sie so zeitig da, dass Sie die Eltern begrüßen können. Nehmen Sie sich die Zeit und begrüßen Sie die Eltern zunächst direkt an der Tür. Stellen Sie sich kurz vor und fragen Sie nach dem Namen. Beginnen Sie pünktlich, lassen Sie aber die Tür für Eltern geöffnet, die sich verspäten. Verspätungen sind unangenehm und Eltern sollten sich für diesen Elternabend Zeit nehmen. Doch Sie wissen nicht, wann die Eltern von der Arbeit kommen, ob noch andere Kinder zu versorgen sind oder pflegebedürftige Verwandte. Empfinden Sie es also nicht als persönliche Beleidigung, wenn Eltern zu spät oder auch gar nicht kommen. Beginnen Sie damit, dass Sie sich freuen, endlich auch die Eltern der Schüler*innen kennenzulernen, nennen Sie noch einmal Ihren Namen und stellen Sie nun die einzelnen Themen vor: ein kurzer Überblick, was in diesem Jahr passieren wird. Gehen Sie nicht zu sehr ins Detail.

Stellen Sie ein Fach vor, reichen hier fünf Minuten. Gehen Sie außerdem auf allgemeine Anforderungen ein, die Sie haben (Pünktlichkeit, Bleistifte sollen angespitzt sein, Tintenkiller gewünscht oder nicht, Pausenbrote usw.). Stellen Sie auch Ihre Meinung z. B. zu Hausaufgaben dar. Seien Sie auf einem Elternabend strikter, was die Abläufe angeht. Fragen Sie zwar nach der Meinung der anderen, aber verdeutlichen Sie immer auch Ihre eigene Meinung. Wenn Sie also bspw. meinen, dass ein Buch zusätzlich angeschafft werden muss, dann erklären Sie, warum dieses wirklich wichtig ist. Lassen Sie den Eltern nicht unbedingt die Wahl, das Buch nicht zu kaufen, sondern sagen Sie ihnen, warum Ihre Kinder einen Vorteil davon haben werden. Je strikter und deutlicher Sie sind, desto ernster werden Sie genommen. Die Eltern können Sie nicht danach bewerten, wie Sie unterrichten, denn sie sind nicht im Unterricht dabei. Sie haben nur diesen einen Moment. Legen Sie die Wahl der Elternvertreter*innen in die Hände der Eltern, unterstützen Sie, wenn es nötig ist, und beschreiben Sie die Aufgaben und Erwartungen an die Elternvertreter*innen (Bitte erkundigen Sie sich darüber, denn diese sind auch von Bundesland zu Bundesland verschieden und in den Schulen unterschiedlich definiert.).

Beglückwünschen Sie die Eltern nach der Wahl und betonen Sie, wie sehr Sie sich auf eine gute Zusammenarbeit freuen. Stellen Sie Fragen und Anregungen an das Ende des Abends. Das bringt Sie nicht aus dem Konzept und zieht auch nicht alles unnötig in die Länge. Es werden Fragen kommen, mit denen Sie nicht rechnen, die für die Eltern jedoch wichtig sind. Sie haben nun mehrere Möglichkeiten. Handelt es sich um etwas, das einzelne Eltern angeht, dann bitten Sie sie darum, nach dem offiziellen Teil noch zu Ihnen zu kommen. Geht es gegen ein einzelnes Kind aus Ihrer Klasse, dann brechen Sie dies sofort ab. Kommen Fragen zu anderen Kolleg*innen, dann schreiben Sie sich das auf, sagen Sie, dass Sie das weiterleiten werden und sich die betreffende Person eventuell mit den Eltern in Verbindung setzen wird. Fragen, die die Klasse allgemein betreffen, können auf dem Elternabend gemeinsam geklärt werden. Wenn Sie etwas nicht wissen, bieten Sie auch hier an, nachzufragen und die Eltern dann zu informieren. Sie können auch noch weitere Elternabende in Aussicht stellen, die im Folgenden vorgestellt werden. Viele dieser Formen sind inoffizieller und auf privater Ebene. Vergessen Sie aber nicht, dass Sie, auch wenn diese Termine in Ihrer Freizeit stattfinden, immer noch als Lehrkraft der Klasse auftreten – privat dürfen Sie also nicht werden. Da die Arbeitszeit aller Lehrer*innen eben nicht nur auf den Unterricht beschränkt ist, ist diese Elternarbeit auch miteinbezogen. Beenden Sie den formellen Teil des Elternabends, bedan-

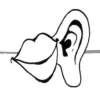

Partnerschaft statt Gegeneinander

ken Sie sich und bieten Sie noch eine Zeitspanne (ca. 30 Minuten) für kurze Gespräche an. Lassen Sie aber auch diese nicht ausufern und vertagen Sie lieber auf einen anderen Termin.

Zusätzliche Elternabende

Zusätzliche Elternabende werden bei bestimmten Unterrichtsthemen (z. B. Aufklärung) oder vor Klassenfahrten notwendig. Aber auch Lehrerwechsel, Unruhe in der Klasse oder extreme Abweichungen in der Leistung können einen weiteren Elternabend notwendig machen. Bei schwierigen Themen sollten Sie sich vorab mit den Elternvertreter*innen treffen, um die Meinungen abzufragen. So wissen Sie im Vorfeld, welche Stimmungen unter den Eltern vorherrschen. Seien Sie sich aber auch bewusst, dass die Eltern ebenfalls das Recht haben, über Ihre Vertretung zu einem Elternabend einzuladen. Auch hier hilft ein gutes Verhältnis zu den Elternvertreter*innen, so sind Sie immer auf dem Laufenden. Wenn schwierige Elternabende anstehen, können Sie auch einen Kollegen oder eine Kollegin bitten, Sie zu unterstützen.

Eltern-/Schüler*innennachmittage/-abende/-vormittage

Das klingt nun nach viel Arbeit. Das mag auf den ersten Blick auch richtig sein, doch das, was Sie hier investieren, bekommen Sie durch viel Vertrauen und Unterstützung der Eltern zurück. Hier haben Sie auch die Möglichkeit, etwas vorzuführen (Theaterstücke, Rechenmeisterschaften usw.) oder auszustellen, was die Schüler*innen gemacht haben. Ein Thema im Sachunterricht, in einer Geisteswissenschaft oder Naturwissenschaft können Sie gut in einer Präsentation ausklingen lassen. Binden Sie die Eltern in Ihren Unterricht mit ein. Sie können auch die Eltern zum Basteln nutzen (Laternen oder Halloween, Adventskalender etc.). Machen Sie ein gemeinsames Frühstück, ein internationales Büfett oder gemeinsames Plätzchenbacken daraus. Selbst Schüler*innen in den weiterführenden Schulen freuen sich noch über diese Nachmittage. Die Diskussion über Zensuren oder einzelne Kinder ist an diesen Tagen tabu. Allgemeines kann aber durchaus besprochen werden. Wollen Sie das Klassenzimmer umgestalten? Haben Sie vor, mit den Schüler*innen zu einem Ausflug einheitliche T-Shirts zu gestalten? Holen Sie sich die Eltern dazu ins Boot. Gemeinsame Aktionen verbinden. Einerseits lernen Sie die Eltern besser kennen, andererseits haben Sie dann vielleicht Verständnis für die Verhaltensweise des einen oder anderen Kindes. Sie sehen so, woher Sprachschwierigkeiten oder Ungeschicklichkeit im Umgang mit anderen kommen. Sie erkennen, welche Schüler*innen zu Hause gefördert und welche unter Druck gesetzt werden. Andererseits lernen auch die Eltern Sie kennen und merken, wie Sie mit Ihren Schüler*innen umgehen. Sie sehen, dass Sie nicht unnahbar sind, dass Sie Interesse an jedem Mitglied der Klasse haben und nicht nur den Stoff durchbringen möchten. Haben Sie selbst Kinder, bringen Sie diese mit!
Auch die Schüler*innen lernen Sie auf diese Weise in einer anderen Funktion kennen und gewinnen Vertrauen. Um sich Arbeit zu sparen, können Sie die Organisation an Eltern (oder ältere Schüler*innen) abgeben.

Elternstammtische

Elternstammtische sind eine Möglichkeit für Eltern, sich auszutauschen. Bei einem guten Klassenklima werden Sie in der Regel zu einem solchen Stammtisch eingeladen. Trotzdem ist es etwas anderes, dies mit oder ohne Lehrkraft zu gestalten. Planen Sie die Termine mit, bieten Sie an, für eine gewisse Zeit dazuzukommen, aber eben auch die Eltern unter sich zu lassen. Kommen Sie mit Ihren Elternsprecher*innen gut klar, dann werden Sie informiert. Informieren Sie aber bitte die Elternvertreter*innen auch, wenn Sie ein Thema haben, das Sie unter den Eltern zur Diskussion stellen möchten.

Elternsprechtage

Elternsprechtage finden turnusmäßig zweimal im Jahr statt und sind von der Schule vorgegeben. Stellen Sie sicher, dass alle Eltern die Einladungen bekommen. Wie Sie Kontakt mit Eltern aufnehmen können, sehen Sie weiter unten. An den meisten Schulen werden inzwischen Termine vergeben – das macht es ein bisschen einfacher für Sie, da Sie wissen, wer kommt. Rechnen Sie aber auch damit, dass Eltern spontan kommen. Also bereiten Sie sich auf alle Schüler*innen vor. Haben Sie Ihre Aufzeichnungen gewissenhaft

Partnerschaft statt Gegeneinander

geführt, dann ist das eine gute Grundlage für Sie. Sie werden überrascht sein von dem, was Sie erleben werden. Sie erwarten bei manchen Schüler*innen schwierige Gespräche und sind dann erstaunt, dass die Eltern einsichtig sind. Sie erwarten ein leichtes Gespräch und es verläuft dann doch komplett anders. Die Eltern konfrontieren Sie mit ihren persönlichen Geschichten. Nehmen Sie sich etwas zu essen und zu trinken mit und planen Sie Pausen ein, sonst kommen Sie noch nicht einmal auf die Toilette. Halten Sie sich bei der Gesprächsvorbereitung an das, was Sie unter „Elterngespräche" finden werden. Und bleiben Sie gelassen. Machen Sie sich – wenn nötig – Notizen, denn Sie werden sich nicht alles merken können. Behalten Sie den Ablauf in der Hand. Egal, wie aufgebracht, wie verschüchtert oder wie freundlich die Eltern auf Sie zukommen, halten Sie an Ihrem Ablauf fest. Dies ist Ihr Raum, Sie haben die Eltern dazu eingeladen und Sie bestimmen, wie Sie nun vorgehen möchten. Das machen Sie durch ein paar simple Eckpunkte deutlich. Sie gehen bei jedem Elternteil, das kommt, zur Tür und holen diese Person ab. Sie begrüßen sie möglichst mit Augenkontakt und Handschlag. Bitten Sie die Person in den Raum hinein. Bis zu diesem Punkt werden Sie von anderen Eltern beobachtet. Reagieren Sie unterschiedlich, so kann man Ihnen genau das vorwerfen. Bitten Sie die Eltern dann, im Raum Platz zu nehmen und drücken Sie Ihre Freude darüber aus, dass Sie sich austauschen möchten. Bitten Sie die Eltern zu beginnen. Hier bekommen Sie erste Eindrücke der Stimmung der Eltern. Stellen Sie nicht die Frage. „Wollen Sie beginnen?" oder „Haben Sie Fragen?". Wie Schüler*innen auch werden die Eltern dann verneinen. Kommen Sie hingegen mit einem Satz wie „Ihr*e (Name des Kindes) hat mich ja gestern sehr positiv überrascht, aber erzählen Sie doch erst einmal, wie Sie die vergangenen Wochen/Monate erlebt haben.", dann lässt das nicht viel Spielraum, nichts zu sagen. Überlegen Sie sich bitte für jedes Kind Ihrer Klasse etwas Positives. Das darf nicht das Aussehen betreffen oder sich allein um Sport drehen – es sein denn, Sie unterrichten Sport. Wählen Sie etwas, das zeigt, dass das Kind im fachlichen oder auch sozialen Bereich Kompetenzen erworben hat. Lassen Sie die Eltern erzählen. Dann setzen Sie ein. Wenn Sie Negatives zu sagen haben, beschränken Sie sich dabei auf einen kleinen Bereich. Und versuchen Sie gemeinsam mit den Eltern Lösungsvorschläge zu erarbeiten.

Beispiele
- Ein Kind erledigt keine Hausaufgabe. → enger Kontakt zu den Eltern
- Ein Kind stört den Unterricht durch Zwischenrufe. → Eltern reden mit Kind, kurze Telefonabstimmungen in Zukunft planen
- Ein Kind ist schwach in einem Lernbereich. → Sie zeigen den Eltern, wie es individuelle Fortschritte machen kann.

Geben Sie den Eltern einen positiven Ausblick und zeigen Sie ihnen, dass Sie gemeinsam an dieser Lösung arbeiten werden. Vereinbaren Sie bei Problemen eine Art, wie Sie in Kontakt bleiben können. Weisen Sie aber auch die Eltern, deren Kinder keine Schwierigkeiten haben, darauf hin, wie Sie sich mit Ihnen in Verbindung setzen können. Begleiten Sie die Eltern wieder zur Tür, bitten Sie die nächste Familie hinein.

Elterngespräche

In der Regel reichen die beiden Elternsprechtage aus, um die Kommunikation mit den Eltern aufrechtzuerhalten. Doch es gibt auch Situationen, in denen dies nicht der Fall ist. Entweder bitten die Eltern um ein Gespräch oder Sie möchten unbedingt mit den Eltern reden. Elterngespräche außerhalb der Reihe sind immer ein wenig schwierig. Bereiten Sie sich intensiver darauf vor, als Sie es bei einem Elternsprechtag tun. Bei diesen Gesprächen geht es darum, eine gemeinsame Basis der Zusammenarbeit zu finden. Wenn Sie wissen, dass es schwer wird, bitten Sie eine*n Kolleg*in hinzu. Wenn Sie wissen, dass Verständigungsprobleme auf Sie zukommen, bemühen Sie sich um eine*n Dolmetscher*in. Richten Sie den Raum passend zu diesem Gespräch ein. Geeignet ist ein Raum, in den sonst niemand hineinschauen kann, verziehen Sie sich aber nicht in einen Kartenraum, in dem es muffig riecht und dunkel ist. Nutzen Sie den Klassenraum. Sollte dieser von Müll überflutet sein, so ist das ärgerlich, doch räumen Sie auf – ein entschuldigendes „Die Kinder hinterlassen das so" ist unangebracht (denken Sie an die Schwiegereltern). Die Sitzgelegenheit sollte so gestaltet sein, dass Sie sich auf Augenhöhe begegnen. Haben Sie eine Sitzecke,

 Partnerschaft statt Gegeneinander

nutzen Sie diese. Nehmen Sie nie auf Ihrem Stuhl vor dem Pult oder gar hinter dem Pult Platz und lassen den Besuch dabei auf einem Schülerstuhl sitzen. Das strahlt entweder Macht oder Unsicherheit von Ihrer Seite aus. Ein Tisch zwischen Ihnen und Ihrem Besuch kann ebenfalls eine Barrikade darstellen. Auf der anderen Seite ist es auch eine Ablagefläche für ein Glas Wasser, Unterlagen usw. Eine Über-Eck-Lösung ist sitztechnisch geeignet, denn zum einen befindet sich so keine Barrikade zwischen den Personen, zum anderen muss man sich nicht immer direkt anschauen, sondern kann den Blick auch schweifen lassen. Eine Bewirtung ist nicht erforderlich, aber das besagte Glas Wasser kann beiden Seiten die Möglichkeit zu einer Gesprächsunterbrechung geben, ebenso wie ein paar Kekse. Haben Sie auch stets Taschentücher bereit für den Fall, dass diese notwendig sind, denn bei schwierigen Schüler*innen liegt oft nicht nur ein Problem in der Schule vor. Halten Sie sich ansonsten unbedingt an die Strategien vom Elternsprechtag: positiv beginnen und positiv beenden. Und überlegen Sie sich ganz genau, ob das, was Sie als positiv empfinden, auch wirklich positiv aufgenommen wird. Die Eltern sollten nicht mit dem Gefühl aus dem Raum gehen, dass alles schlimm ist. Erstens erscheinen die Probleme dann unlösbar und zweitens können Sie dadurch als Gegner*in erscheinen. Sie wollen die Probleme gemeinsam als Partner*innen lösen und nicht als Gegner*innen!

Elternmitarbeit

Bringen Sie Eltern dazu, Sie zu unterstützen. Jetzt fragen Sie sich bestimmt, wie das gehen soll. Betrachten Sie erst einmal Eltern als Lernpartner*innen. Sie haben alle ein gemeinsames Ziel, nämlich den Kindern einen Zuwachs in vielen Bereichen zu ermöglichen. Daran arbeiten Sie zusammen. Nun gibt es Bereiche, bei denen Sie Unterstützung brauchen können (z. B. bei Bastelaktionen, bei Ausflügen, bei Experimenten, zum Vorlesen etc.). Eltern verfügen über viel Wissen, das sie gerne teilen, aber es fragt kaum eine Lehrkraft danach. Tierärzt*innen, Hundetrainer*innen oder Mitarbeiter*innen aus dem Tierheim könnten Sie im Bereich Haustiere unterstützen. Der Arzt, die Ärztin oder eine andere Person aus einem medizinischen Beruf, wenn es um Hygiene, Gesundheit und Ernährung geht. Vielleicht biete jemand Stadtführungen an, arbeitet in einem Blumenladen, bei einem Bäcker usw. Selbst Hobbys (Eisenbahn, Malen, Töpfern) lassen sich nutzen. Fragen Sie nach, dann erhalten Sie Antworten. Sie werden überrascht sein, wie lebhaft Ihr Unterricht wird. Auch in Hinblick auf Berufsberatungen ist es äußerst interessant, wie die Welt außerhalb der Schule ist.

Hier ist auch Ihre Sicht auf die Dinge entscheidend und kann hilfreich sein. Sie haben außerhalb der Schule gearbeitet und können Ihre Erfahrungen einbringen. Gehen Sie proaktiv an die Sache heran, bauen Sie sich ein gutes Netzwerk aus Eltern auf und lassen Sie auch die anderen Kolleg*innen davon partizipieren.

Geöffnete Türen

Gehen Sie einmal kritisch durch das Schulhaus. Viele Türen sind verschlossen und oft hört man entweder Lärm oder Schweigen. Es müssten aber kreative Geräusche zu hören, Freude zu vernehmen sein. Es sind Kinder und Jugendliche, die hier zusammen sind, die lernen müssen, dass das, was sie tun, wichtig ist. Es ist nichts, was hinter verschlossenen Türen stattfindet, sondern etwas, das Bezug zum Leben der Schüler*innen haben muss. Öffnen Sie die Türen, schaffen Sie Verbindungen. Laden Sie Personen ein, Ihren Unterricht zu bereichern. Gehen Sie mit den Schüler*innen nach draußen. Vergleichen Sie das, was in den Büchern steht, mit der Realität. Das bringt mehr. Wenn Eltern am Unterricht teilnehmen wollen, so lassen Sie dies (NACH Voranmeldung) zu. In vielen sozialen Berufen öffnet man sich heute mehr als in der Schule. Sie kennen das vielleicht aus eigener Erfahrung, öffnen Sie Ihre Klasse!

Kommunikation

Sie müssen mit Eltern reden und Sie müssen auch Schüler*innen zur Verfügung stehen, um Fragen zu beantworten. Während zu früheren Zeiten nur das Telefonat und der Briefverkehr möglich waren, liefert das Internet neue Optionen. Doch Vorsicht, Eltern und Schüler*innen dürfen Sie anschreiben, Sie dürfen jedoch im Gegenzug keine schülerrelevanten Daten übermitteln. Sie dürfen auf diesem Weg lediglich um

Partnerschaft statt Gegeneinander

ein Gespräch bitten. Sie dürfen auch nichts posten, was eventuell jemanden, der keinen Zugang zu diesen Medien hat, ausschließen könnte. Darum überlassen Sie diese Art der Kommunikation den Eltern und Schüler*innen. Diese sollen Gruppen bilden. Geben Sie eine Telefonnummer an, unter der man Sie erreichen kann. Legen Sie sich notfalls eine zweite Nummer zu, damit es nicht auf Ihrem privaten Telefon klingelt, und schalten Sie einen Anrufbeantworter ein. Geben Sie an, dass Sie sich an Wochentagen innerhalb von 24 Stunden zurückmelden. Gleiches gilt für den E-Mail-Verkehr. Man darf Sie anschreiben, da Sie aber kaum Daten übermitteln dürfen, müssen Sie zurückrufen. Leiten Sie die Schüler*innen an, Gruppen über WhatsApp® und per E-Mail zu bilden, in denen Sie sich zum Beispiel Termine zuschicken können und Fragen zu Hausaufgaben klären. Das ist Medienarbeit. Wenn Sie anrufen, dann fragen Sie, ob es den Eltern jetzt passt und überfallen Sie sie nicht. Halten Sie sich an die Gesprächsregeln für Elterngespräche, seien Sie nett und höflich, auch wenn Sie sich mit einem Anrufbeantworter auf der anderen Seite unterhalten. Sie sind auch über die Telefonnummer der Schule zu erreichen und können im Rahmen der wöchentlichen Sprechstunde kontaktiert werden. Machen Sie den Eltern klar, dass Gespräche an der Klassenzimmertür immer nur dann Sinn machen, wenn es wirklich lebenswichtig ist (und dann würde man kaum mit Ihnen reden) oder wenn es sich um absolute Kleinigkeiten handelt. Gerade mal an der Klassenzimmertür morgens um 8 Uhr klären, ob der Junge es aufs Gymnasium schafft und ob die Tochter wohl versetzt werden kann – das geht nicht. Verweisen Sie in den Fällen bitte höflich und bestimmt auf die Sprechzeiten oder machen Sie am besten gleich einen Termin aus.

Hausbesuche

Dies ist eigentlich im „normalen" Schulsystem nicht vorgesehen. An Waldorfschulen gehört es dazu, dass der*die Erzieher*in oder die Lehrkraft zu Besuch kommt. Wenn Sie aber überlegen, dass Sie vielleicht 26 Schüler*innen in Ihrer Klasse haben, so ist das schon ein wenig schwierig, denn so sind Sie im Schnitt jede zweite Woche in einer anderen Familie zu Gast. Auch die Vorstellung, einzelne Schüler*innen zu sich einzuladen, ist ungünstig – aber eine Gartenparty mit allen Schüler*innen und Eltern können Sie durchführen, wenn Sie sich das zutrauen. Das, was Sie einem zubilligen, müssen Sie allen zubilligen. Nun kann es jedoch sein, dass Sie tatsächlich einen Hausbesuch machen müssen, da sonst kein Kontakt zu den Eltern möglich ist. Dieser Besuch sollte angekündigt sein und Sie sollten nicht allein gehen. Nehmen Sie eine*n Kolleg*in mit, eine*n Schulsozialarbeiter*in oder bitten Sie beim Jugendamt um Hilfe. Verlangen Sie nicht, Zimmer betreten zu dürfen, denn Sie sind Gast, und wenden Sie wieder dieselben Gesprächsregeln an wie bereits besprochen.

Du oder Sie?

Diese Frage ist äußerst kompliziert. Von Schüler*innen sollten Sie sich generell nicht duzen lassen, es sei denn, Sie arbeiten an einer dieser wenigen Schulen, an denen das üblich ist. In Grundschulen wird oft der Nachname verwendet und trotzdem die „du"-Form. Das ist in Ordnung, solange es alle Schüler*innen tun. Ab der 5. Klasse können sich die Schulkinder an das „Sie" gewöhnen. Kommt der unwahrscheinliche Fall vor, dass Sie ein Kind seit der Krabbelgruppe kennen, dann müssen Sie entscheiden, wie Sie damit umgehen. Entweder spricht Sie dieses Kind in der Schule mit dem Nachnamen an oder Sie klären es vor der Klasse. Kennen Sie Eltern schon von früher, bleiben Sie beim Du, denn alles andere fällt auf und wirkt unecht, schließen Sie aber keine neuen Freundschaften, auch nicht auf Ausflügen oder Klassenfahrten. Tun Sie das doch, so kann Ihnen das den Neid der anderen Eltern einbringen. Vertagen Sie die Intensivierung der Freundschaft auf die Zeit, in der Sie nicht mehr die zuständige Lehrkraft sind.

Schüler*innengespräche

Wenn Sie immer nur mit Eltern einzeln reden, dann verlieren Sie die Personen, um die es eigentlich geht, komplett aus dem Blick. Es geht auch um die Schüler*innen und die können vom ersten Tag an in diese Gespräche miteinbezogen werden, denn sie sollen lernen, eigenverantwortlich zu handeln. Nicht die Mutter oder der Vater haben vergessen, den Turnbeutel mitzugeben, das Kind hat dies gemacht. Nicht der Vater hat die Jacke des anderen Kindes aus dem Fenster geworfen, das war der Schüler oder die

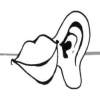

Partnerschaft statt Gegeneinander

Schülerin selbst. Im Falle der Jacke und des Turnbeutels ist die Lösung ganz klar: Das Kind muss laufen und die Jacke holen und kann ohne Turnbeutel nicht beim Sport mitmachen. Nun gibt es aber schwierige Probleme jeder Art und bei diesen müssen Sie sich mit den Schüler*innen zusammensetzen und mit ihnen reden. Halten Sie sich dabei an die Regeln, die Sie auch bei den Eltern anwenden. Setzen Sie gemeinsam mit den Schüler*innen Ziele. Diese können zum Beispiel sein, dass das Kind nur Teile dessen erfüllt, was Sie als Endziel ansehen. Haben Sie zum Beispiel einen ganz schweren Fall, in dem das Kind die Sachen nicht mitbringt, keine Hausaufgaben macht, im Unterricht nicht arbeitet und zu allem Überfluss auch noch stört, dann wird dieser Mensch es nicht schaffen, von jetzt auf gleich alles zu ändern. Das erste Ziel könnte sein, dass er versucht, eine Woche lang den Unterricht nicht zu stören, denn dieses Ziel ist absolut vorrangig für Sie. Nach einer Woche verlängern Sie dieses Ziel um eine weitere Woche. Loben Sie den Fortschritt. Vielleicht ergibt sich innerhalb dieser Zeit schon, dass das Kind nach Lernstoff verlangt, denn nichts zu tun, wird auf Dauer ziemlich langweilig. Natürlich wäre das der Idealfall, aber es kann auf diese Art und Weise funktionieren. Dokumentieren Sie die Gespräche unbedingt und setzen Sie die Eltern auch davon in Kenntnis – nicht bei jedem vergessenen Turnbeutel und auch nicht, wenn mal etwas passiert ist, doch bei häufigeren Gesprächen ersparen Sie sich Ärger, wenn die Eltern Bescheid wissen. Legen Sie die Gespräche so, dass sie für die Kinder auch ein bisschen hinderlich sind – der große Fußballer muss in der Pause mit Ihnen reden oder in der heiß geliebten Sportstunde. Auch nach dem Unterricht können Sie, wenn die Beförderung gegeben ist, die Eltern Bescheid wissen und zugestimmt haben, ein solches Gespräch ansetzen. Wenn ein*e Schüler*in Sie um ein Gespräch bittet, dann sollten Sie sich unbedingt kurzfristig (und damit ist möglichst noch am selben Tag gemein), Zeit nehmen.

Eltern-Schüler*innen-Gespräche
In manchen Fällen ist es auch sinnvoll, mit Eltern und Schüler*innen zusammen zu reden. Entscheiden Sie, was in welchem Fall besser ist.

Begegnung außerhalb der Schule
Wo auch immer Sie zufällig auf Eltern oder Schüler*innen treffen – Sie sind hier privat. Grüßen Sie freundlich, wechseln Sie ein paar Worte, aber lassen Sie sich auf keinen Fall auf Diskussionen ein. Laden Sie sie in die Schule ein, aber brechen Sie alles andere ab!

Weitere Informationen für Sie
A. Roggenkamp, T. Rother, J. Schneider: Schwierige Elterngespräche erfolgreich meistern – Das Praxisbuch: Profi-Tipps und Materialien aus der Lehrerfortbildung, 3. Auflage, Auer Verlag, Augsburg, 2019.

Feedback-Kultur

Wer gibt wem welche Rückmeldungen?

Wer etwas tut, erwartet eine Reaktion darauf und muss lernen, diese zu akzeptieren und mit ihr umzugehen. Das betrifft diesmal nun nicht nur die Schüler*innen, sondern ganze viele Beziehungen. Es geht um Lehrer*in-Eltern-Beziehungen, Lehrer*in-Schüler*in-Beziehungen, Lehrer*in-Lehrer*in-Beziehungen, aber auch zwischen Ihnen und Ihrem*r Ausbilder*in. Und an dieser Stelle muss auch einmal erwähnt werden, dass Sie ziemlich unter Druck stehen: auf der einen Seite die Schüler*innen und Eltern, die alle unterschiedliche Erwartungen an Sie haben, dann die Kolleg*innen und die Schulleitung, die es Ihnen mit Sicherheit nicht immer einfach machen, und schließlich auch noch Ihre Ausbilder*innen, die noch einmal einen anderen Blickwinkel auf all das haben. Und in diesem ganzen Beziehungsgeflecht sollen Sie noch qualifiziertes Feedback geben und angemessen auf das, was Sie erhalten, reagieren.

Feedback beinhaltet das Wort „back" und das bedeutet „zurück". Es wird hier also immer etwas zurückgegeben.
Ein Synonym für dieses Wort ist einfach Reaktion. Das bedeutet, dass jede Reaktion der Schüler*innen eine Rückmeldung für Sie ist, auf die Sie wiederum reagieren können.
Kann man Reaktionen steuern oder zumindest aus ihnen lernen?

Feedback umlenken

Am häufigsten erhalten Lehrkräfte Ihr Feedback dadurch, dass sie etwas sagen und die Schüler*innen darauf reagieren. Ein fast stündlich stattfindendes Ereignis ist die Vergabe der Hausaufgaben. Sobald die Lehrperson das Wort „Hausaufgaben" erwähnt, folgt eine Unmutsäußerung der Klasse, oft in Form eines ausgestoßenen Lautes. Das beeinflusst Sie. Sie reagieren. Es gibt Lehrer*innen, die diese Reaktion so umbauen möchten, dass sie für jeden Unmutsruf weitere Aufgaben anschreiben. Ob das richtig ist, ist die Frage, denn das bedeutet, das Feedback zu unterdrücken. Es ist ratsam, einen Blick auf verschiedene Feedbackarten zu werfen.

Bewusstes und unbewusstes Feedback

Joseph Luft und Harry Ingram haben ein Schema entwickelt, mit dem sich die verschiedenen Formen gut erklären lassen: das Johari-Fenster. Jede Person kann eigene Emotionen und Reaktionen bis zu einem gewissen Grad steuern, doch es gibt genauso Reaktionen, die wir unbewusst und sogar unwissend und unbemerkt von uns geben. Genauso gibt es Reaktionen, die bemerkt werden, und andere, die unbemerkt bleiben. Daraus ergeben sich vier mögliche Feedbacks:
- das bewusste, das bemerkt wird,
- das unbewusste, das bemerkt wird,
- das bewusste, das nicht bemerkt wird,
- das unbewusste, das nicht bemerkt wird.

Feedback ist also ein Geben und ein Nehmen, das Sie zu nutzen wissen müssen.

Gutes Feedback

Gutes Feedback muss nicht immer auch ein positives Feedback bedeuten. Aber es sollte fair, angemessen und vor allem nicht abwertend sein. Auch darf niemand durch ein Feedback öffentlich gedemütigt werden. Es liegt an Ihnen, dies vorzuleben. Das bewusste Feedback kann man steuern, doch das unbewusste hat man nicht im Griff. So gibt es zum Beispiel Lehrkräfte, die bewusst versuchen, bei Prüfungen ein neutrales Gesicht zu machen. Haben Sie schon einmal in neutrale Gesichter geblickt? Diese wirken teilnahmslos und wenig empathisch. Denken Sie an sich selbst: Erklären Sie etwas lieber einem Menschen,

 Feedback-Kultur

der böse schaut, oder einem, der Sie anlächelt, der gespannt ist auf Ihre Darstellung und Interesse zeigt? Wie ist es, wenn Sie ein positives Feedback bekommen? Möchten Sie, dass die Person sich mit Ihnen freut und das zum Ausdruck bringt, weil sie Ihren Erfolg als einen Teilerfolg von sich sieht? Und als letzte Frage: Wie möchten Sie ein Feedback für eine schlechte Leistung bekommen? Einfach wortlos auf den Tisch gelegt oder vielleicht noch mit einem negativen Kommentar? Oder sind Ihnen ein paar aufmunternde Worte vielleicht lieber, die Ihnen zeigen, dass es auch nach einer Niederlage wieder aufwärtsgehen kann? Vielleicht sogar mit einer Option dazu: „Ich weiß, du kannst das eigentlich. Möchtest du nicht noch mal ein Referat zu dem Thema halten?" Versuchen Sie Ihr Feedback bewusster zu steuern und stellen Sie sich vor einen Spiegel, üben Sie ein neutrales Gesicht und ein freundliches. Sie werden überrascht sein, wie negativ ein neutrales Gesicht wirkt. Lassen Sie sich eventuell von Freunden fotografieren oder kurz filmen. Einfach um zu überprüfen, wie Sie wirken. Das mag ein bisschen wie Schauspielerei klingen, aber mehr Freundlichkeit wird bessere Leistungen der Schüler*innen erbringen.

Lehrer*in-Schüler*in-Feedback

Dieses Feedback kann eine Menge im Lehr-Lern-Prozess bewirken. Erst einmal erhalten die Schüler*innen durch das Feedback einen Überblick über das, was sie geleistet haben. War dies gut? Was war besonders gut und was war besonders schlecht? Dieses Feedback ist eine Fremdeinschätzung, die dazu verhelfen kann, sich selbst auch besser einzuschätzen und zu lernen, sich hinsichtlich ihres Lernwegs zu orientieren. Sie sehen so, welche Fortschritte sie gemacht haben und welche Schritte sie als Nächstes tun müssen. Es ist wichtig, dass der Feedbackgebende die Förderung durch eine Motivation des Lernenden unterstützt. Sie dürfen sich auf keinen Fall abwertend äußern und müssen jeden noch so kleinen Fortschritt positiv bemerken. Gerade schwächere Schüler*innen benötigen hier Hilfe. Stärkere Schüler*innen hingegen können bei diesem Feedback viel eher hören, dass sie noch ein bisschen mehr leisten können. Ihr Lernzuwachs muss sich nicht am Klassendurchschnitt orientieren, sondern an ihnen selbst und das gilt für alle. Gleichzeitig erhalten Sie auch eine Rückmeldung von Schüler*innen und können daraus Schlüsse ziehen, wie das Kind im Lernprozess vorankommt.

Feedback von Schüler*innen

Jüngere Schüler*innen sind sehr ehrlich, doch sie haben schon ein bisschen gelernt, dass man Erwachsenen nicht immer alles Negative sagen darf, was man denkt. Trotzdem rutschen den Kindern oft Kommentare heraus wie: „Meine Mutter meint auch, dass Sie blöd sind!" Damit müssen Sie leben. Lernen Sie, über so etwas hinwegzuhören. Wenn Sie das schaffen, dann wird das Leben für Sie leichter. Gleichzeitig kommen Kinder im Grundschulalter auch an und umarmen Sie ganz spontan, bedanken sich oder zeigen eine andere Emotion, die Ihnen zeigt, dass Sie zu diesem Kind eine Verbindung aufgebaut haben. In der Grundschule brauchen Kinder diese Nähe noch sehr häufig.

Schüler*innen geben Ihnen vielleicht auch Hinweise, zum Beispiel dass Sie Ihre Kleidung nicht mögen. Wird darüber gekichert, so meinen es die Schüler*innen nicht wirklich nett. Wenn sie es Ihnen hingegen allein sagen, so können Sie davon ausgehen, dass man Sie schützen will und einen guten Ratschlag geben möchte.

Wie man sich benimmt, so kommt es zurück

Eine Kultur einzuführen, bedeutet sich selbst auch in diese Kultur einzubringen und daran zu halten. Wollen Sie also ein freundliches Feedback bekommen, so verhalten Sie sich auch freundlich. Wollen Sie, dass die Schüler*innen Ihnen gegenüber ehrlich sind, so müssen Sie auch ehrlich und fair sein. Stellen Sie ein Kind vor der Klasse bloß, so wird auch dieses nicht davor zurückschrecken, Sie oder einen anderen irgendwann bloßzustellen. Es gibt Unterhaltungen, die muss man unter vier Augen führen, dann sind sie in Ordnung und können als Tipp angesehen werden. Zum Beispiel fordern Sie nie jemanden laut auf, sich die Nase zu putzen, weil der Person da schon etwas heraushängen würde oder machen Sie niemanden lautstark darauf aufmerksam, dass die Hose nicht geschlossen ist. Genauso darf ein Schüler*eine Schülerin auch nicht vor allen anderen eine schlechte Arbeit einfach offen auf den Tisch gelegt bekommen.

Feedback-Kultur

Hier sollte vorsichtig mit demjenigen geredet und ihm vor allem, wie schon angesprochen, ein Ausblick auf eine Verbesserung gegeben werden.

Spontanes und gesteuertes Feedback

Gegen ein spontanes Feedback können Schüler*innen – je jünger sie sind – kaum etwas unternehmen. Sie sagen ganz spontan, was sie denken. Auch ältere Schüler*innen reagieren noch spontan, wenn sie etwas besonders schön finden oder etwas ablehnen. So wird ein Hund auch nur auf einem Foto gleich mit Freudenrufen bedacht, während die Spinne im Klassenzimmer oder selbst in abgebildeter Form als eklig angesehen wird. Steuern können Sie, wenn Sie ein Feedback geben, aber achten Sie darauf, nicht neutral zu wirken, das gilt oft als unfreundlich. Schadenfreude sollte natürlich auf keinen Fall dabei sein. Schüler*innen, gerade jüngere, können ihr Feedback in der Regel nicht steuern. Sie antworten einfach so, wie es Ihnen in den Sinn kommt. Je älter sie werden, desto mehr Kontrolle haben sie und nutzen das auch. Das Geheule einer 10. Klasse über eine anstehende Klassenarbeit ist in der Regel bewusst eingesetzt, während es bei jüngeren Kindern ehrlich ist. Durch ein Feedback können auch bewusste weitere Reaktionen provoziert werden. Zum Beispiel können Sie ganz bewusst ein Foto von einem Welpen austeilen, was eine positive Reaktion hervorrufen wird, um den Schüler*innen dann zu sagen, dass sie als Hausaufgabe eine Beschreibung dieses Welpen ausführen sollen.

Feedbackgeber und Feedbacknehmer

Schüler*innen und Lehrkräfte, aber auch Eltern sind ständig und immer sowohl Feedbackgeber*in und gleichzeitig Feedbacknehmer*in. Weil Schüler*innen etwas lernen sollen, stehen sie stets im Fokus und bekommen ständig Feedbacks. Lehrkräfte ebenfalls, sie werden von Schüler*innen und Eltern beobachtet. Beide Seiten freuen sich über Feedbacks, die die Zusammenarbeit verbessern und das Ziel, nämlich den Lernzuwachs des einzelnen Kindes zu ermöglichen, in den Mittelpunkt rücken. Freut sich also ein Schüler oder eine Schülerin darüber, etwas verstanden zu haben und sagt das auch, ist das sowohl ein Feedback für die Person selbst als auch für die Lehrkraft. Beide können sich freuen, dass etwas positiv verlaufen ist. Ein negatives Feedback hingegen ist für beide Seiten nicht angenehm und führt damit auch zu einer negativen Einstellung der Lernenden sowie der lehrenden Person.

Die Reise des Lernens im Feedback

John Hattie hat in seinen Studien u. a. intensiv das Feedback betrachtet. In diesen Studien geht es darum, welchen Sinn das Feedback hat. Dabei sind drei Fragen von entscheidender Bedeutung: *Wo stehe ich? Wo will ich hin? Wie komme ich dahin?* Diese Fragen sollten im Bereich des Lernens immer wieder gestellt werden. Es geht darum, jemanden dort abzuholen, wo er steht und ihn mitzunehmen. Somit kann das Lernen in einem übertragenen Prozess auch als Reise gesehen werden, zumindest aber als Entwicklung. Feedback ist der Motor. Setzen Sie es nur zur Beschleunigung ein, nicht als Bremse. Eine negative Beschleunigung ist wenig hilfreich!

Unterschiedliche Ebenen

Es gibt unterschiedliche Ebenen, auf denen man ein Feedback geben kann. Die erste ist die *informationsbezogene Ebene*, die zum Beispiel zum Tragen kommt, wenn es um die Beantwortung einer Aufgabe geht. Hier lautet die Antwort dann: „Das Ergebnis ist richtig/falsch.", „Schau dir noch einmal die genaue Aufgabenstellung an." Während die erste Antwort eher dazu anleitet, sich damit zufriedenzugeben, selbst wenn die Lösung falsch zu sein scheint, ist die zweite schon eher ein Denkanstoß, der die Schüler*innen dazu bringt, weiterzumachen und zu arbeiten. Antworten auf der *prozessbezogenen Ebene* hingegen lassen einen Prozess beginnen. Die Frage „Bist du sicher, dass du alles richtig beachtet hast?" stellt das Ergebnis zwar infrage, lässt dem Kind jedoch die Wahl, sich noch einmal genau mit der Aufgabe zu befassen. Ebenso kann man die Schüler*innen dazu auffordern, sich über typische Fehler oder mögliche Fehlerquellen zu informieren. Nun gibt es eine weitere Ebene, die die Lehrkraft entlastet und noch ein wenig weiter geht. Es handelt sich um die *selbstregulierende Ebene*. Hier werden die Schüler*innen dazu aufgefordert, darüber nachzudenken, was Ihnen helfen kann, weiterzukommen. Nun sollte man meinen, dass die nachfolgende Ebene, nämlich die der Selbstreflexion, die effektivste sei. Allerdings sind hier auch die meisten Fehler zu finden. Sie werden merken, dass man sich selbst oft falsch einschätzt. Man denkt, man hat etwas besonders gut gemacht und lehnt sich zurück, dabei empfinden andere das als nicht so gut und man bekommt eine völlig andere Einschätzung. Es kann genauso passieren, dass man das Gefühl hat, etwas gar nicht zu können und die Außenwahrnehmung ist ganz anders. Darum sollte dieses eigene Feedback zumindest am Anfang immer mit dem Feedback von außen gekoppelt sein. So kann das Meiste herausgeholt werden. Schüler*innen, die sich selbst einschätzen können, sind mehr dazu geneigt, selbstständig zu arbeiten.

Eingefordertes Feedback der Schüler*innen

Sie möchten gern ein Feedback Ihrer Schüler*innen bekommen? An sich ist das eine tolle Idee. Doch versetzen Sie sich einmal in die Situation Ihrer Klasse. Machen Sie einen Stuhlkreis und fordern Sie sie in diesem auf, zu sagen, was sie über die letzte Stunde denken (zum Beispiel in Form eines Blitzlichts), dann stellen Sie die Schüler*innen vor ein schwieriges Problem. Sie müssen etwas sagen. Natürlich kann man sagen, dass das zum Lernen dazugehört und Schüler*innen solche Situationen meistern müssen – das stimmt. Aber Sie können kein ehrliches Feedback erwarten, denn die Schüler*innen haben Angst, Ihnen zu sagen, dass die Stunde nicht gut war. Sie werden auch nicht sagen, dass sie nichts gelernt haben, denn das zeigt ja, dass Sie nicht richtig gearbeitet haben. Wenn man den Schüler*innen also nicht die Frage stellt, ob sie etwas gelernt haben, sondern direkt fragt, was sie gelernt haben, so sind die Antworten viel verwertbarer.

Feedback zwischen/nach Gruppenarbeiten

Gruppenarbeiten benötigen ein Feedback der Schüler*innen. In einer Runde kann dann ausgetauscht werden, wie zusammengearbeitet wurde. Hier geht es weniger darum zu zeigen, was sie im fachlichen Sinne gelernt haben, sondern wie Informationen gefunden wurden, was an Arbeitsmitteln benötigt wurde und was noch fehlt. Weiterhin kann berichtet werden, wie die Arbeit innerhalb der Gruppe gestaltet wurde. Hier können direkt Tipps aus anderen Gruppen gegeben werden, die dann weiterhelfen können.

Zeugnisse von Schüler*innen ausstellen lassen

Es ist Ende des Halbjahres oder Ende des Jahres und Sie sind dabei, Zeugnisse zu schreiben – auch das ist ein Feedback und da wäre es ja eigentlich ganz schön, wenn die Schüler*innen Ihnen auch ein Zeugnis ausstellen würden. Das Ganze hat jedoch ein paar Tücken. Was meinen Sie, welches Zeugnis Sie einer Lehrkraft ausgestellt hätten? Oder vielleicht Ihren Seminarleiter*innen heute? Als Lehrer*in sind Sie einfach in einer anderen Position. Ihre Zensuren sind fest, die der Schüler*innen interessieren vielleicht Sie – aber niemanden sonst. Wie würden Sie reagieren, wenn die Schüler*innen Ihnen schlechte Noten ausstellen? Fordern Sie Zeugnisse ein, dann sagen Sie den Schüler*innen, dass diese zum einen auf freiwilliger Basis geschrieben werden dürfen und zum anderen müssen sie nicht kenntlich machen, wer das Zeugnis geschrieben hat. Bekommen Sie ausschließlich positive Rückmeldungen, dann mag Ihnen das zwar toll vorkommen, ist aber in Wirklichkeit auch ein Zeichen mangelnden Vertrauens. Irgendeine Schwäche, über die sich die Schüler*innen öffentlich oder nicht öffentlich lustig machen, werden Sie haben, und wenn es nur eine undeutliche Handschrift ist. Eine schlechte Zensur ist ehrlich, zeugt von Vertrauen Ihnen gegenüber und wertet die guten Noten auf.

Bringt Ihnen ein Schüler*in-Feedback etwas?

Sie haben vorher schon gelesen, dass all das, was Schüler*innen tun, eine Art Feedback ist. Und dieses Feedback bringt Ihnen eine ganze Menge. Schauen Sie sich die Schüler*innen an. Wie reagieren Sie? Fangen sie an zu arbeiten oder schauen sie irritiert. Diese unbewusste Rückmeldung müssen Sie deuten und als unbewusstes Feedback in Ihre Beobachtungen einfließen lassen. Bringen Ihnen Schüler*innen am

Feedback-Kultur

Zeugnistag unaufgefordert ein Zeugnis mit, dann können Sie daraus erkennen, dass die Schüler*innen dies wirklich aus dem Bedürfnis herausgemacht haben, Ihnen mitzuteilen, was sie von Ihnen halten. In der Regel sind solche spontanen und nicht angefragten Zeugnisse sehr positiv und werden auch persönlich übergeben. Ein negatives Zeugnis auszustellen, trauen sich Schüler*innen in der Regel nicht. Nehmen Sie das positive also als großes Kompliment Ihnen gegenüber an.

Feedback erleben

Nicht nur die Schüler*innen sind in der Ausbildung, auch Sie müssen lernen und bekommen ein Feedback. Einerseits ist das ganz gut, denn es zeigt Ihnen, wie es ist, ein Feedback zu erhalten.

Lernen Sie, damit umzugehen. Auch wenn es hart klingt, man wird Sie mit Sicherheit auch kritisieren. Manches werden Sie einsehen, manches vielleicht nicht. Vielleicht wird man Verhaltensweisen aus einem sehr persönlichen Bereich (Haare, Auftreten etc.) anführen, das kann wehtun, verwirren oder auch wütend machen. Gewöhnen Sie sich an, hier zu reagieren, wie Sie es auch bei frechen Antworten oder Bemerkungen von Schüler*innen machen würden. Versuchen Sie hier nur die Botschaft zu entnehmen. Schauen Sie, was Sie ändern können und vor allem lernen Sie daraus. Geben Sie Schüler*innen nie ein solch ungefiltertes Feedback!

Weitere Informationen für Sie

C. Maitzen: Feedback-Kultur in der Schule – Das Praxisbuch: Profi-Tipps und Materialien aus der Lehrerfortbildung, Auer Verlag 2017.

Freistunde ade, Vertretung steht an!

Stunden für Schüler*innen mit sinnvollen Inhalten füllen ohne (viel) Mehrarbeit

Sie werden sicherlich überrascht sein, wenn Sie morgens einen Blick auf den Vertretungsplan werfen und sehen, wie viele Stunden am Tag bzw. in der Woche vertreten werden müssen. Oft kommt alles zusammen, eine Lehrkraft ist krank, eine andere auf Klassenfahrt oder bei einem Unterrichtsgang und die nächste auf einer Fortbildung. Für Außenstehende sieht es immer so aus, als würden die jeweiligen Lehrer*innen krankheitsbedingt fehlen, das ist aber häufig nicht so. Viele Vertretungsstunden finden nicht plötzlich, überraschend und unvorbereitet statt, sondern sie sind absehbar und können geplant werden. Werden Vertretungsstunden einfach zum Spielen oder für Hausaufgaben genutzt, so sind sie irgendwie verschenkt. Schüler*innen haben jedoch ein Anrecht auf einen vernünftigen Unterricht.

Wie erfahre ich von Vertretungsstunden?

In jeder Schule gibt es andere Systeme, in der Regel hängt aber im Lehrerzimmer immer ein Vertretungsplan. Fragen Sie unbedingt nach, wo sich der Plan befindet. Schauen Sie jeden Tag als Letztes auf den Plan und am Morgen als Erstes. Es können sich auch noch Änderungen am jeweiligen Tag selbst ergeben. Darum schadet ein Blick ab und zu nicht, besonders wenn man eine Freistunde hat.

Geplante Vertretungsstunden

Wenn Sie nun sehen, dass Sie an einem der kommenden Tage für eine Freistunde eingeteilt sind und der Kollege oder die Kollegin ist noch da, dann fragen Sie einfach nach, was Sie in der Stunde machen sollen. Eigentlich wäre es gut, wenn die Kolleg*innen Ihnen mitteilen, was gemacht werden soll. Dabei reichen eine kurze Erklärung zum Thema und eine Aufgabenstellung für die Schüler*innen aus. Fragen Sie, ob Hausaufgaben eingesammelt oder kontrolliert werden sollen. Bekommen Sie eine Aufgabe für die Schüler*innen, dann halten Sie sich auch daran und erledigen Sie diese mit den Schüler*innen.

Eigene Vertretungen

Wenn Sie wissen, dass Sie an einem Tag oder auch nur in einer Stunde fehlen werden, dann bereiten Sie diese Stunde vor. Planen Sie die Stunde, sorgen Sie dafür, dass die Schüler*innen Materialien haben und möglichst auch schon wissen, was sie tun sollen. Gut ist es, wenn die Schüler*innen zunächst ein Problem diskutieren können, anschließend 25 bis 30 Minuten arbeiten und danach noch einmal kurz gemeinsam überlegen, was sie heute erreicht haben. Das ist ein sehr einfacher Aufbau der Stunde und die Schüler*innen sind mit einer Aufgabe beschäftigt, die in Ihren Plan hineinpasst. Sprechen Sie bitte mit den Kolleg*innen darüber, ob Hausaufgaben geprüft bzw. neue gegeben werden müssen oder nicht. Am einfachsten ist es für alle, wenn Sie an solchen Tagen auch die Hausaufgaben gleich für mehrere Tage aufgeben. Die Schüler*innen können es sich einteilen und die Lehrer*innen, die Sie vertreten, haben keine zusätzliche Arbeit.

Ungeplante Vertretungsstunden

Erfahren Sie am Vormittag, dass Ihre Freistunde einer Vertretungsstunde zum Opfer fallen wird, so ist das erst einmal nicht schön. Sie haben sich die Stunde sicherlich anders vorgestellt. Wenn Sie Glück haben, finden Sie von der jeweiligen Lehrkraft vorbereitetes Material, das Sie nutzen können. Wenn nicht, dann stehen Sie vor einer unbekannten Klasse und haben keine Aufgaben. Bei ganz viel Pech handelt es sich hier auch noch um ein Fach, von dem Sie keine Ahnung haben.

Sport müssen Sie nicht unterrichten, denn Sie haben keine Ausbildung oder Zusatzqualifikation! Allerdings sind die Schüler*innen sicherlich enttäuscht, wenn die Sportstunde ausfällt. Lässt es das Wetter zu, so können Sie nach draußen gehen und Spiele spielen. Ist das Wetter nicht ganz so gut, bietet sich eine Rallye durch die Schule an (Treppenstufen zählen, Lichtschalter in den Fluren entdecken, Telefon-

Freistunde ade, Vertretung steht an!

nummer des Hausmeisters erfragen usw.). Diese Rallye haben Sie schon vorab vorbereitet und können sie dann bei Bedarf den Schüler*innen präsentieren. Auch Vertretungsstunden in Religion sind so eine Sache, die ein wenig schwierig wird und die Sie durch Bewegungsstunden umgehen können. Bewegungsstunden lassen sich auch gut damit begründen, dass die Schüler*innen sich zu wenig bewegen und im Tagesablauf ruhig ein wenig sportliche Ertüchtigung eingebaut werden kann. Zusammen spielen und die eigene Umgebung erkunden fördert das Miteinander und die Gemeinschaft und ist in jedem Fall besser als irgendwelche Spiele zu spielen, zu denen die Schüler*innen eigentlich auch gar keine Lust haben, oder Hausaufgaben machen zu lassen. Fächer, in denen Sie fit sind, können Sie einfach weiter unterrichten. Aber auch Fächer, die Sie nicht kennen, können Sie sinnvoll gestalten und Unterrichtsstoff wiederholen.

Plötzliche eigene Erkrankung

Natürlich werden Sie mal krank. Das ist völlig normal. Melden Sie sich so früh wie möglich bei der zuständigen Stelle an der Schule. Lassen Sie sich untersuchen, damit es für Ihren Arbeitgeber planbar wird, wie lange Sie vertreten werden müssen. Bei längeren Ausfällen (z. B. bei Schwangerschaften oder chronischen Erkrankungen) kann eine Vertretung beantragt werden. Melden Sie sich hingegen immer nur für zwei Tage krank, kommen wieder und fehlen dann erneut, so ist das ein Problem, da Sie jedes Mal erneut vertreten werden müssen. Das bringt Unfrieden und keine Kontinuität für die Schüler*innen. Nehmen wir aber einmal an, dass es sich um einen plötzlichen Infekt handelt. Melden Sie sich so früh wie möglich bei der zuständigen Person ab. Es gibt mit Sicherheit eine Telefonnummer, auf der ein Anrufbeantworter geschaltet ist oder eine Mail-Adresse, an die Sie eine E-Mail senden können. So können Sie sich auch abends oder in der Nacht melden.

Versuchen Sie, eine halbe Stunde vor Schulbeginn ein paar Angaben zu den ersten Stunden bis zur großen Pause zu übermitteln. Welche Aufgaben können erledigt werden? Was gibt es zu beachten in dieser Klasse? Schreiben Sie auch auf, wenn zum Beispiel Geld eingesammelt werden muss oder Unterschriften der Eltern.

Bis zur großen Pause sollte die Planung für die restlichen Stunden vorhanden sein. Natürlich haben Sie einen Anspruch darauf, krank zu sein, doch gleichzeitig sind Sie in den meisten Fällen in der Lage, eine kurze Info an Ihre Kolleg*innen zu schreiben. Wenn Sie geplant haben, dann müssen Sie diese Planungen eigentlich nur noch weiterleiten. Ihre Kolleg*innen werden sehr dankbar dafür sein, denn es ist nicht so leicht, eine Stunde aus dem Ärmel zu schütteln.

Konsequent bleiben

Wenn Sie Vertretungen geben, dann müssen Sie konsequent bleiben. Es kann je nach Klasse ganz schön schwierig werden. Die Schüler*innen hätten oft lieber frei und haben auf das Fach bei Ihnen einfach keine Lust. Geben Sie in dieser Klasse noch ein anderes Fach, dann bekommen Sie das in den Griff. Handelt es sich um eine Klasse, die Sie nicht kennen, dann wird das Ganze ein wenig schwieriger. Hier kann es dazu kommen, dass die Schüler*innen versuchen zu bestimmen, wie die Stunde verläuft. Bleiben Sie konsequent. Hören die Schüler*innen nicht auf Sie, so melden Sie dies der Fachlehrkraft und der Klassenleitung. Beginnen Sie nicht zu schreien oder anderweitig laut zu werden, sondern erklären Sie das den Schüler*innen ruhig, aber bestimmt. Natürlich freut sich jeder, wenn eine Stunde nicht stattfindet und damit nicht gearbeitet werden muss – doch trotzdem müssen die Schüler*innen akzeptieren, dass eine andere Person in der Klasse verantwortlich ist und diese auch ernst nehmen. Im schlimmsten Fall könnten Sie einen Aufsatz zum aktuellen Unterrichtsinhalt von den Schüler*innen einfordern, dessen Bewertung in die mündliche Note einfließt. Das ist zwar eine äußerst harte Methode, doch einmal durchgezogen spricht sich das schnell an der Schule herum und andere Schüler*innen sind dann eher geneigt, mit Ihnen zusammenzuarbeiten. Greifen Sie nicht hart durch, macht das ebenfalls die Runde und die nächsten Vertretungsstunden werden umso schwerer für Sie.

Freistunde ade, Vertretung steht an!

Schüler*innen wollen arbeiten, doch Sie haben keine Ahnung von dem Stoff

Dieser Fall ist selten, er kommt jedoch vor. In der Grundschule ist das Fachwissen seltener das Problem, doch an der weiterführenden Schule kann das in jedem Fach schwierig werden. Es ist keine Schande, hier zu gestehen, dass man den Stoff nicht kennt und die Schüler*innen wahrscheinlich über bessere Grundlagen verfügen. Zum Glück gibt es Bücher. Wenn die Schüler*innen wirklich lernen wollen, dann sagen Sie Ihnen, wo Bücher zum Thema zu finden sind und teilen Gruppen ein, die sich dann mit dem Stoff beschäftigen. Oder alle lesen den Text und es dürfen Fragen entwickelt werden, die dann mithilfe der Klasse und dem Internet beantwortet werden.

Spiele

Abgesehen von Sportstunden sollten die Vertretungsstunden zu keinen reinen Spielstunden werden. Nach dem fünften „Hangman" und dem siebten „Seven up" macht sowieso niemand mehr mit. Ein oder zwei Spiele am Ende der Stunde sind natürlich erlaubt und kommen auch gut an. Zum Beispiel Wissensfußball: Die Schüler*innen werden in zwei Mannschaften aufgeteilt und Sie stellen eine Frage. Die Frage kann zum Stoff sein oder zum Allgemeinwissen. Abwechselnd dürfen nun beide Mannschaften antworten oder eine Frage stellen, deren Antwort sie natürlich näher ans Ziel bringen kann – den Gegner aber auch. Dazu wird an der Tafel ein Spielfeld mit einer Linie in der Mitte gezeichnet, auf der der Ball (ein Magnet) zuerst liegt. Rechts und links ist je ein Tor, zwischen der Mitte und dem Tor sind gleich viele Linien. Bei jeder richtigen Antwort, kann der Ball in die Richtung des Tors des Gegners befördert werden.

Viele Spiele bieten die Möglichkeit, Wissen aus der Stunde noch einmal aufzuarbeiten. Oder Sie lassen Begriffe pantomimisch darstellen, eine Podiumsdiskussion zu einem (passenden Thema) führen oder nennen wahre und falsche Fakten, die die Schüler*innen überprüfen müssen.

Weitere Informationen für Sie

A. Thömmes: Die schnelle Stunde Allgemeinwissen: 30 originelle Unterrichtsstunden ganz ohne Vorbereitung, 4. Auflage, Auer Verlag, Augsburg 2016.

Ich kann nicht mehr!

So weit muss es nicht kommen, vorher an die Work-Life-Balance denken

Sie sind neu in dem Job und nach all dem, was Sie nun gelesen haben, stellt sich sicherlich die Frage, ob Sie bei dem 24-Stunden-Tag noch die Nacht dazunehmen sollen oder nicht. Spaß beiseite, natürlich müssen Sie schlafen und natürlich müssen Sie an sich denken. Wenn Sie nicht mehr können, dann helfen Sie auch niemandem.

Eigene Leistungsfähigkeit einschätzen

Wenn man so überlegt, was man alles tun muss, dann gibt es zwei Extreme. Die einen sind der Meinung, sie könnten ihre Aufgaben niemals bewältigen und fangen deshalb auch gar nicht erst an. Die anderen versprechen viel, nehmen alles an, machen auch vielleicht ein bisschen etwas, kommen aber zu keinem Ergebnis. Dazwischen gibt es selbstverständlich diejenigen, die sich überarbeiten, die alles spielend schaffen und die, die wenigstens einen Teil super ablegen. Aber es geht darum, dass Sie erst einmal versuchen zu ermitteln, was Sie überhaupt schaffen können.

Setzen Sie sich erst einmal hin, nehmen Sie sich Ihre Tage vor und tragen Sie ein, welche privaten Termine Sie haben. Das sind familiäre (Kinderbetreuung, Haushalt, Besuche in der Familie …) sowie private (Freunde, Sport, Hobbys) Verpflichtungen, Schulzeiten sowie Fortbildungsmaßnahmen. Hier kommen schon einmal sehr viele Stunden zusammen. Dazu kommen noch Extratermine wie Konferenzen und Elternveranstaltungen.

Die eigenen Kinder dürfen auf keinen Fall zu kurz kommen, aber Sie können Fahrtwege mit anderen Eltern zusammenlegen, Oma-Opa-Tante-Onkel-Wochenenden im wöchentlichen oder monatlichen Rhythmus festlegen. Das schadet Ihren Kindern nicht und Sie können ausschlafen, früh ins Bett gehen oder etwas ganz anderes machen. Denken Sie auch darüber nach, Betreuungen im Kindergarten oder in der Schule dazuzubuchen. Es soll keine Dauerlösung sein, aber im ersten Jahr hilft es ungemein, nach der Arbeit auch mal 20 Minuten Ruhe zu haben.

Sie verdienen Geld, das Sie natürlich brauchen, aber Sie können sich auch anderweitig Ruhe damit kaufen – nehmen Sie sich einmal in der Woche eine Putzfrau, bringen Sie Bügelkleidung in die Wäscherei. So sparen Sie eine Menge Zeit.

Binden Sie Ihren Partner oder Ihre Partnerin ein. In jeder Partnerschaft gibt es Rollenverteilungen. Das passt auch so lange, bis sich die ein oder andere Lebenssituation ändert. Das ist nun im Moment bei Ihnen der Fall. Sie müssen überlegen, welche Aufgaben Ihnen (vielleicht auch nur erst einmal am Anfang) abgenommen werden können.

Manche Menschen verbringen viel Zeit mit der Familie, das sollen Sie auf keinen Fall ändern, sondern nur ein wenig anders gestalten. Sie müssen nicht zwangsläufig immer den Kuchen mitbringen – das kann jemand anderes machen und es gibt auch fantastische Bäcker, die das gern übernehmen. Sind Sie turnusmäßig dran mit Sonntagsessen, legen Sie Ihre Termine in die Ferien. Es ist besser, Sie planen genau vor.

Auch Freunde sind wichtig. Sie brauchen Menschen, die über andere Dinge reden als über Schule. Sie müssen sich austauschen und andere Sachen machen. Machen Sie Sport, gehen Sie anderen Hobbys nach. Das ist wichtig. Aber auch hier gilt, dass Sie sich erst einmal aus Vorbereitungen heraushalten. Sagen Sie warum, erklären Sie, dass Sie im Moment eingespannt sind, aber trotzdem an den normalen Aktionen teilnehmen möchten. Man wird Verständnis haben.

Wenn Sie nun auf den Stundenplan schauen, dann können Sie einen Teil der Zeit als zusätzliche Arbeits- und Lernzeit aufwenden. Haben Sie eine volle Stelle, geht man von einer Arbeitszeit von 40 Stunden aus. Ziehen Sie die Stunden ab, die Sie in der Schule bzw. in der eigenen Ausbildung sind und verteilen Sie den Rest. Nehmen Sie sich noch fünf Extrastunden, die Sie verwenden können und richten Sie sich noch fünf Notfallstunden ein. Dann muss es reichen. In dieser Zeit arbeiten Sie. Benötigen Sie für einen Bereich einmal länger als geplant, ziehen Sie das anderweitig wieder ab. Sie können auch für eine Woche,

 Ich kann nicht mehr!

in der Sie zum Beispiel einen Unterrichtsbesuch erwarten, Stunden aus einer anderen Woche verwenden – bleiben Sie dabei aber möglichst im Rahmen.

Arbeitsrahmen nicht überschreiten

Beginnen Sie schon beim Aufwachen damit, sich Gedanken zu machen, ob Sie den Tag meistern werden und fallen Sie abends todmüde und mit dem Gedanken an die nächste Arbeit ins Bett, so können Sie nicht entspannen. Es gibt immer noch etwas mehr zu tun oder zu verbessern. Ganz wichtig ist aber auch, dass Sie Freude an dem haben, was Sie tun. Kommt Ihnen diese Freude abhanden, weil Sie bspw. nicht mehr schlafen und essen, so tun Sie niemandem einen Gefallen. Sich selbst am wenigsten. Das heißt nicht, dass Sie nicht auch mal Stress haben oder abends mal lange arbeiten dürfen – aber versuchen Sie, eine Arbeitsroutine zu entwickeln.

Eine Faustregel lautet, dass Sie eine Stunde nicht länger vorbereiten sollten, als diese dauert. Gehen Sie zusätzlich in den Wald, nehmen Kinder, Oma und Hund mit und sammeln Blätter, dann haben alle etwas davon. Bitten Sie auch Freunde und Verwandte, Sie zu unterstützen und Ihnen zu helfen, wenn etwas Korrektur gelesen werden muss, Sie ein Spiel ausprobieren möchten oder einfach nur wissen wollen, ob ein Arbeitsblatt verständlich ist.

Drei Säulen

Wir stehen mit zwei Beinen auf der Erde, doch manchmal brauchen wir ein bisschen mehr Unterstützung, darum passt das Modell mit den drei Säulen hier recht gut. Betrachten Sie Ihre Lebenssituation einmal objektiv von außen. Was umgibt Sie in Ihrem Umfeld, das Sie hält und womit verbringen Sie Zeit? Da gibt es zum einen den Bereich Beruf. Dieser soll und muss Sie ausfüllen. Wenn Sie nach einiger Zeit merken, dass es gar nicht das ist, was Sie wollen, so ist das völlig in Ordnung. Merken Sie, dass Sie den Beruf schon lieben, aber gerne etwas ändern möchten, dann kämpfen Sie dafür. Ist es nichts für Sie, suchen Sie sich einen neuen Job, der sie ausfüllt. Alexander S. Neill, der Begründer von Summerhill, einer antiautoritären Schule in England, sagte einmal, dass ihm der glückliche Müllkutscher lieber sei als der unglückliche Gelehrte und damit hat er recht. Freude an der Arbeit ist wichtig. Das ist die erste Säule. Eine zweite Säule ist das direkte private Umfeld, das sich Familie nennt. Hier bekommen Sie Fürsorge und geben auch gleichzeitig etwas. Zur Familie gehören Eltern, Geschwister und andere Verwandte, außerdem der Partner oder die Partnerin, Kinder und die Familie des*r Partner*in. Manche Personen mag man lieber, um manche kümmert man sich. Familie gibt Sicherheit, die man benötigt. Die letzte Säule sind Freunde. Hier muss man nicht auf dieselbe Weise Verantwortung übernehmen, wie es bei der Familie der Fall ist, aber man kann auch hier entspannen. Manchmal bekommt man hier auch den Nervenkitzel, den man braucht.

Es sind drei Säulen, auf die wir uns stützen können und die uns Halt geben. Sollte eine dieser Säulen einmal nicht so stabil sein, dann sind immer noch zwei andere da, die den Rest halten.

Arbeit ablehnen

Sie sind nun neu an der Schule, neu im Beruf und sogar neu in diesem Berufszweig. Natürlich müssen Sie Ihr Kollegium unterstützen und die Arbeit, die Sie machen müssen, ist nicht das alleinige Unterrichten. Doch müssen Sie nicht gleich in den ersten Wochen einen Gottesdienst vorbereiten (weil Sie in Ihrer Klasse Religion unterrichten), die Bundesjugendspiele samt der Urkundenvergabe mitplanen, einen Elternnachmittag organisieren und das Energiesparfest ausrichten (da Sie doch Physik unterrichten). Wenn dann noch die Wartung der Schulcomputer dazukommt, ist das einfach zu viel. Sie können mithelfen, aber Sie müssen nicht federführend sein. Dafür wird man Verständnis haben. Wenn es sein muss, übernehmen Sie etwas, das nicht zeitkritisch oder eben kurzfristig und schnell zu erledigen ist. Eine Vertretungsstunde dauert 45 Minuten und ist damit beendet – diese Aufgabe ist einfacher als einen Sponsorenlauf hauptverantwortlich zu organisieren. Zwei, drei Anrufe zu tätigen und das Ergebnis dann wieder weiterzuleiten, ist hingegen sehr einfach.

Ich kann nicht mehr!

Gründe für das Abrutschen

Es gibt Menschen, die sehr stark sind und trotzdem in diesem Beruf Probleme bekommen. Die Gründe sind vielschichtig. Lehrer*innen tragen die Verantwortung für die Klasse und eine Lehrkraft, die das ernst nimmt, ist einer ziemlichen Belastung ausgesetzt. Während eines großen Teils der Arbeitszeit sind Lehrkräfte einer sehr kritischen Beobachtung ausgesetzt. Mehr als 20 Augenpaare sind auf sie gerichtet. Kommen dazu noch Unterrichtsbesuche, so kann dies zu einer großen Belastung führen.

Zusätzlich kommen noch schwierige Schüler*innen hinzu, die besondere Betreuung benötigen oder vielleicht sogar stören. Eltern können weiteren Druck ausüben und auch der gesellschaftliche Druck nimmt zu. Die Anerkennung ist in den letzten Jahren immer weiter gesunken, die Anforderungen an das System sind gestiegen: Turbo-Abi, PISA- und VERA-Tests. Manchmal kommt dann noch eine Kleinigkeit hinzu, die das Fass zum Überlaufen bringt.

Stressfaktoren

Sie merken, dass Ihre Gedanken nur noch um eines kreisen: Ihre Arbeit. Sie gehen jede einzelne Stunde mehrfach vorab durch und spielen jede mögliche Situation gedanklich durch. Eine selbstkritische Betrachtung ist gut – beginnt es Sie aufzufressen, dann ist dies auf jeden Fall zu viel Selbstkritik. Denken Sie nicht darüber nach, sondern haben Sie regelrecht Angst vor den kommenden Stunden, merken Sie während der Stunde, wie Sie unter Spannung stehen und nicht wissen, wie Sie durch die Stunde kommen sollen und sind Sie auch noch nach der Stunde damit beschäftigen, dann ist es Zeit, etwas zu ändern:

Gute Vorbereitung ist alles:
- Bereiten Sie Stunden gut vor – legen Sie die Unterlagen dann aber zur Seite.
- Sprechen Sie mit Kolleg*innen kurz über die Stunden und überarbeiten Sie den Entwurf.
- Bitten Sie Kolleg*innen, mit Ihnen in die Stunde zu kommen und Teile zu übernehmen.
- Bitten Sie Kolleg*innen, Ihre Stunde zu halten und Sie assistieren nur.
- Tauschen Sie mit Kolleg*innen eine Zeit lang die Klasse.
- ABER tragen Sie es nicht mit sich selbst aus!

Warnsignale

Eigentlich sind Sie mit einer hohen Motivation an Ihre neue Aufgabe herangegangen. Doch plötzlich ist alles anders. Sie fühlen sich schlapp, krank. Sie nehmen keine Vorschläge von anderen Personen mehr an und auch Kritik prallt einfach an Ihnen ab. Sie haben auch kein Interesse mehr am Austausch mit anderen, sie wissen, früher haben Sie einfach mehr geschafft. Sie wollen auch eigentlich nichts mehr dazulernen. Außerdem haben Sie einen hohen Krankheitsstand. Es kann aber auch sein, dass Sie absolut aktiv sind, sich allerdings von Kolleg*innen und Vorgesetzten abschotten, weil Sie der Auffassung sind, dass diese sowieso keine Ahnung haben. Oder Sie sind ein sehr aktiver Mensch und betätigen sich in Vereinen, in der Familie oder investieren viel Zeit in ein Hobby und vernachlässigen dabei Ihren Job, mit der Begründung, dass das andere viel wichtiger sei.

Wenn Sie solche Merkmale an sich entdecken, zögern Sie nicht, sich einer anderen Person anzuvertrauen. Das kann natürlich nicht irgendjemand sein, sondern es sollte sich dabei entweder um eine Person mit medizinischer Ausbildung oder jemanden, dem Sie wirklich vertrauen, handeln. Versuchen Sie nicht, alles allein zu bewältigen. Würden Sie das schaffen, dann wären Sie nicht in dieser Situation. Das ist keine Schande und auch gar nichts, wofür Sie sich schämen müssen. Manchmal gibt es Situationen, in denen man Hilfe benötigt, in denen man nicht mehr allein weiterkommt. Wenn Sie keine Person in Ihrem Bekanntenkreis haben, die Ihnen helfen kann, so wenden Sie sich an eine*n Ärztin*Arzt.

 Ich kann nicht mehr!

Beobachten Sie sich kritisch

Verwenden Sie Redewendungen wie „Das geht mir an die Nieren.", „Ich fresse das alles in mich hinein.", „Ich habe den Hals so voll!"? Dann beobachten Sie sich kritisch und überlegen, ob es wirklich nur Redewendungen sind. Stopfen Sie vielleicht alles in sich hinein? Kommt es Ihnen wieder hoch?

Versuchen Sie es mit Sport zum Ausgleich. Powern Sie sich richtig aus. Danach können Sie besser schlafen und sehen Dinge anders. Wird es nicht besser, sprechen Sie mit jemandem darüber. Riskieren Sie nicht Ihre Gesundheit, um den Job durchzuziehen. Holen Sie sich Hilfe. Sie müssen sich beraten lassen und sehen, wie man Ihnen helfen kann. Ein Burn-out muss behandelt werden. Nehmen Sie das nicht auf die leichte Schulter.

Selbsterfüllende Prophezeiungen

Denken Sie einmal an Situationen in Ihrem Leben, von denen Sie sicher waren, sie bewältigen zu können – meistens traf das auch zu. Doch es gibt auch den umgekehrten Fall: Sie waren sich sicher, etwas nicht zu können, und genauso war es schließlich auch. Vielleicht hat Ihnen jemand gesagt, dass Sie das niemals schaffen werden – und Sie hatten immer große Probleme damit. Plötzlich in einer anderen Situation funktioniert es dann aber doch. Natürlich kann man nicht alles erreichen, doch viele Dinge sind mit einer positiven Grundeinstellung viel leichter zu schaffen als andere. Wenn Sie sich erst einmal in eine Situation hineinbegeben, von der Sie meinen, Sie nicht bewältigen zu können und das jeden Tag aufs Neue tun, dann befinden Sie sich in einer negativen Spirale, aus der Sie nicht mehr herauskommen. Andere Personen hingegen scheinen alles spielend zu meistern und lächeln sogar noch dabei. Beenden Sie diese Abwärtsspirale. Überlegen Sie sich, was Ihnen bereits geglückt ist. Sie haben eine Menge geschafft und Sie schaffen noch mehr – Sie müssen sich das aber zutrauen. Negative Gedanken können bspw. allein dadurch durchbrochen werden, indem man sich diese bewusst macht. Sie können diese Gedanken auch relativieren. Denken Sie nicht: „Ich schaffe das nie, in dieser lauten Klasse richtigen Unterricht zu machen.", sondern: „Ich werde es heute schaffen, 20 Minuten die Aufmerksamkeit der Schüler*innen zu bekommen und anschließend machen wir Aufgaben, die diese in Gruppen erledigen können." So können Sie kleine Ziele erreichen und fühlen sich anschließend viel besser.

Resilienz

Unter Resilienz versteht man die Fähigkeit, Stress auszuhalten und Nerven wie Drahtseile zu entwickeln. Bei einer Person liegen die Nerven eher blank und manchmal reicht nur ein Funke, andere können belastende Situationen viel besser aushalten. Solche Menschen zeigen meist ein bestimmtes Verhaltensmuster: Sie gehen nicht aktiv ein Risiko ein, aber sie stellen sich viel mehr Herausforderungen. Denn das gelingt mit einer positiven Einstellung besser! Anstatt also zu sagen: „Die 3a schaffe ich heute nicht!", sagen Sie: „Ich werde heute mit der 3a die Siebener-Reihe üben." Laufen Sie nicht vor Problemen weg, sondern gehen Sie diese an. Bezogen auf die 3a sprechen Sie die Deutschlehrerin an und fragen Sie, wie Sie es macht, dass die Klasse immer so ruhig mitarbeitet. Fragen Sie nach, ob Sie vielleicht einmal hospitieren können. Nutzen Sie die eigenen Ressourcen sinnvoll. Planen Sie die nächsten Stunden, verzetteln Sie sich aber nicht dabei. Klare Planungen, die zur Situation der Klasse passen, sind wichtig und richtig. Behalten Sie dabei gerade die Probleme, die Sie mit der Klasse haben, im Auge und richten Sie die Planung genau auf diese Probleme aus. Holen Sie sich auch Hilfe von außen, um dafür Lösungen zu finden.

Schätzen Sie Ihre Fähigkeiten und auch Ihre Ressourcen ein – was können Sie und wo brauchen Sie Hilfe. Es ist nicht schlimm, Hilfe einzufordern, denn nur durch gegenseitige Unterstützung können Probleme gelöst werden. Niemand ist allein auf der Welt und jeder braucht dann und wann Hilfe, gerade wenn man etwas Neues beginnt.

Erkennen Sie Erfolge, auch wenn es nur kleine sind, sehen Sie aber auch kritisch hin, wenn etwas außer Kontrolle gerät. Bekommen Sie es nicht in den Griff, suchen Sie sich Unterstützung. Dabei kann es sich ebenso um zu erledigende Aufgaben, Hilfe bei Einschätzungen oder in der Planung handeln wie um das Fehlverhalten von Schüler*innen.

Ich kann nicht mehr!

Fehlschläge können passieren und sind normal. Es ist nicht schlimm, Fehler zu machen. Lernen Sie daraus und machen sie es das nächste Mal besser. Lachen Sie über Probleme oder entschuldigen Sie sich, je nachdem wie es der Situation angemessen ist.

Es ist gut, sich nicht zu überschätzen und auch mal an sich zu zweifeln. Doch wenn Sie nur noch daran denken, dass Sie Fehler machen, ist das nicht gut. Nehmen Sie auch Eigenarten von sich an und stehen Sie dazu. Das ist Ihr Weg, Dinge zu erledigen. Sie schaffen das!

Haben Sie Mut

Sie habe schon viel Mut bewiesen und sich für diesen Beruf entschieden, der ein wirklich schöner und wichtiger Beruf ist. Geben Sie nicht auf, wenn die ersten Probleme auftreten. Die sind da, um gelöst zu werden. Und Sie werden dazu in der Lage sein. Nicht alle auf einmal, es wird auch nicht immer leicht, aber nacheinander ist das alles zu schaffen. Stecken Sie nicht den Kopf in den Sand, nehmen Sie es aber auch nicht zu leicht. Seien Sie bestimmt gegenüber Ihren Schüler*innen, aber auch gegenüber den Eltern und hören Sie zu.

Weitere Informationen für Sie

I. Kokavecz, T. Rüttgers, J. Schneider: Stress und Burn-out vermeiden – Das Praxisbuch: Profi-Tipps und Materialien aus der Lehrerfortbildung, Auer Verlag, Donauwörth, 2012.

War da noch was?

Gezielt auf die eigene Abschlussprüfung hinarbeiten

Sie bilden Menschen aus, sind aber selbst noch in der Ausbildung. Manchmal kann das zu vielen Konflikten und auch zum Gefühl kommen, zwischen den Stühlen zu sitzen. Wie viel Zeit müssen Sie für Ihre Ausbildung aufwenden, wie viel für die Ausbildung der anderen? Und wie bereitet man sich dann auch wieder auf die Abschlussprüfung vor?

Prüfung
In den verschiedenen Bundesländern wird auch dies anders gehandhabt. Vielleicht müssen Sie eine Arbeit schreiben, vielleicht eine Unterrichtsprobe geben. Eventuell ist die Schulleitung bei Unterrichtsbesuchen dabei, vielleicht Ihre Ausbilder*innen aus einem Seminar. Wie auch immer, Sie müssen in jedem Fall Unterrichtsbesuche durchführen, wahrscheinlich auch einige Fragen zum Schulrecht beantworten und eventuell eine Arbeit schreiben.

Lernen
Sie müssen Fachbegriffe und Abläufe lernen und sich mit einigen fachbezogenen Dingen auseinandersetzen, z. B. welche Auswirkungen eine Wiederholung hat, wann eine freiwillige Wiederholung nicht zählt, ob Schuljahre übersprungen werden können und wenn ja, unter welchen Voraussetzungen. Wie sieht es aus mit Klassenkonferenzen, die wegen eines Kindes abgehalten werden? Wann müssen Einladungen verschickt und wer muss eingeladen werden? Welche Konsequenzen für das Kind können hier beschlossen werden? Es gibt noch eine ganze Menge mehr davon. Wenn Sie eine spezielle Fortbildung haben, wird man Sie Ihnen vorstellen. Sie finden diese auch in den Lehrplänen und auf den Internetseiten der Bildungsministerien. Arbeiten Sie alles gut durch. Schreiben Sie sich Fragen auf oder Dinge, die Ihnen unklar sind – ebenso, wie Sie das Ihren Schüler*innen beibringen. Sie lernen dabei auch gleichzeitig die Wirksamkeit der Methode kennen, sehen die Stärken und Schwächen. Wenden Sie sich mit diesen Fragen an Kolleg*innen oder auch an Ihre Schulleitung. Natürlich fallen Sie dabei nicht mit der Tür ins Haus, sondern Sie tragen erst Ihr Anliegen vor und bitten darum, dass sich die Person Zeit nimmt, sich mit Ihnen über Ihre Fragen auszutauschen.

Learning by Doing
John Dewey, ein amerikanischer Pädagoge, hat zu Beginn des letzten Jahrhunderts diesen Begriff geprägt. Übersetzt heißt dies „Lernen durch Handeln" und ist durchaus mit unserem handlungsorientierten Begriff gleichzusetzen. Genau das trifft jetzt auch auf Sie zu. Sie lernen zu unterrichten, während Sie es tun. Keine Angst, der gesunde Menschenverstand hilft Ihnen an manchen Stellen. Erinnern Sie sich an Situationen zwischen Schüler*innen und Lehrer*innen, die Sie selbst erlebt haben, und denken Sie darüber nach, was Sie gut gefunden haben und was nicht. Überlegen Sie außerdem, wann Sie viel gelernt haben und wann nicht. Schauen Sie Kolleg*innen zu, wie sie unterrichten und übernehmen Sie das, was ihnen zusagt. Unterhalten Sie sich mit Ihren Kolleg*innen, aber auch mit Schüler*innen darüber, was gut funktioniert und was nicht. Sprechen Sie das, was bei ihnen gut funktioniert hat und das, was nicht funktioniert hat, mit Kolleg*innen durch.

Hospitation
Es werden Ihnen verschiedene Hospitationstypen begegnen. Sie begleiten Kolleg*innen und lernen dabei von ihnen. Suchen Sie sich Kolleg*innen aus, die unterschiedlich sind. Schauen Sie sich verschiedene Unterrichtsstile an und machen Sie sich Gedanken darüber, was Ihrer Meinung nach gut ist und was nicht. Fragen Sie an, wann Sie kommen dürfen, wo Sie sitzen sollen, ob es irritiert, wenn Sie sich etwas aufschreiben. Bieten Sie aber auch Hilfe an. In bestimmten Arbeitsphasen ist es von Vorteil, wenn meh-

rere Personen mithelfen können. So hat dann auch die Lehrkraft, bei der Sie hospitieren, etwas davon. Mischen Sie sich aber keinesfalls ungefragt in Auseinandersetzungen ein. Machen Sie auch keine Anstalten zu zeigen, dass Sie etwas besser können oder besser wissen. Haben Sie ein gutes Verhältnis, kann sich ein Teamteaching aus der Hospitation entwickeln. Dabei können Sie lernen. Nehmen Sie Hilfe an. Akzeptieren Sie aber auch, wenn eine Person nicht möchte, dass Sie hospitieren. Zeigen Sie Verständnis und fragen Sie die Person ruhig öfter um Rat. Wenn diese Lehrer*innen sehen, dass Sie auf Ihren Rat Wert legen, dann öffnen Sie Ihnen vielleicht eher die Tür.

Bitten Sie auch andere Lehrer*innen darum, bei Ihnen zu hospitieren und Ihnen zu sagen, was Sie an Ihren Stunden verändern würden. Lassen Sie diese Kolleg*innen wirklich nur hospitieren und sich darauf konzentrieren, was Sie gut und was Sie noch nicht ganz so gut machen. Überlegen Sie gemeinsam, inwieweit diese andere Lehrkraft auch in die Unterrichtsplanung einbezogen wird und welche Unterlagen Sie aushändigen. Geben Sie auf jeden Fall die Verlaufsplanung aus, damit die andere Person eine Grundlage hat. Setzen Sie sich danach zusammen und diskutieren Sie darüber, warum die Schüler*innen an manchen Stellen besser mitmachen als an anderen. Lassen Sie sich sagen, was man noch besser machen kann. Solche Stunden sind erst einmal schwierig, denn neben der Beobachtung durch die Schüler*innen richtet sich nun noch ein weiteres Augenpaar auf Sie und begutachtet Sie. Steuern Sie das Maß der Hospitationen. Wenn es Ihnen zu viel wird, sagen Sie das. Besprechen Sie wirklich, wie viel Sie an Rückmeldung haben möchten. Wie bei Schüler*innen, die viel auf einmal lösen sollen und davor kapitulieren, gilt das auch für Sie. Sie können nicht alles auf einmal verbessern. Darum soll die Sie beratende Lehrkraft eine Sache heraussuchen und das dann so lange verfolgen, bis es passt. Beobachtungsaufgaben können da zum Beispiel sein:

Begrüßung, Klassenführung und Verabschiedung: Sind Sie die leitende Person oder lassen Sie sich zu manchen Zeitpunkten genau diese Position von den Schüler*innen ungewollt abnehmen?

Aufgabenstellungen: Haben Sie Ihre Aufgaben klar und deutlich formuliert? Welche Antwortmöglichkeiten geben Sie den Schüler*innen (Ja-/Nein-Antworten, offene Fragen)?

Rückmeldungen auf Antworten: Wie gehen Sie mit richtigen und falschen Antworten um? Ermutigen Sie die Schüler*innen dazu, weiterzuarbeiten?

Nonverbale Kommunikation: Welche Signale senden Sie aus?

Verhalten in verschiedenen Phasen: Wie verhalten Sie sich zum Beispiel bei Gruppenarbeit?

Das Verhältnis zwischen Ihnen und den Personen, die Sie beraten (ganz wichtig: beraten und nicht beurteilen), sollte gut sein. Das kann man natürlich nicht erzwingen, doch wenn Sie selbst sich nur kritisiert fühlen, vielleicht auch zu Unrecht, versuchen Sie das zu klären. Dabei sollte man sich auf einer Ebene begegnen, in der es in Ordnung ist, kritisiert zu werden. Versuchen Sie zu verstehen, dass nicht Sie als Person kritisiert werden, sondern nur Ihre berufliche Leistung. Ihr Gegenüber möchte Sie mit der Kritik nicht verletzen, sondern diese soll Ihnen helfen und Sie unterstützen. Geht es aber so weit, dass Ihre Frustrationstoleranzgrenze überschritten ist, dann sagen Sie es. Sie sollen mit dieser Kritik nicht an Ihre Grenze gebracht werden, sondern Sie sollen sich verbessern. Wie die Schüler*innen auch. Die eigene Ausbildung hilft auch dabei, die Schüler*innen zu verstehen. Man kann nur einen Schritt nach dem anderen machen, manchmal einen Sprung, manchmal kann man laufen und auch ab und zu rückwärtsgehen – aber alles auf einmal klappt nicht.

Unterrichtsbesuche

Eine weitere Art der Hospitation sind die Unterrichtsbesuche. Was sehr freundlich klingt, ist mit einer Menge Arbeit für Sie verbunden. In der Regel kommt hier eine Person in Ihre Klasse und bewertet Ihren Unterricht. Natürlich ist auch in diesem Fall eine Beratung eingeschlossen, grundsätzlich geht es aber um eine Beurteilung von Ihnen als Lehrkraft. Es wird eine Bewertung geschrieben und diese Bewertung bleibt auch in Ihren Akten.

Das bedeutet, dass diese Besuche gut vorbereitet werden müssen. Sie müssen neben der Verlaufsplanung die komplette schriftliche Unterrichtsplanung abgeben. Nun kommt ein solcher Besuch nicht überraschend. Sie kennen den Termin und haben in der Regel mindestens zwei Wochen Zeit, sich darauf vorzubereiten.

Planen Sie in aller Ruhe die Stunde, bereiten Sie alles vor, sodass die Schüler*innen an diesem Tag auch den Stand haben, den Sie geplant haben. Tauschen Sie eventuell Stunden im Vorfeld, sodass der Stand auch wirklich gefestigt und gesichert ist – aber täuschen Sie nicht. Geben Sie den Schüler*innen nicht die Antworten auf die Fragen, die Sie stellen werden – das wird Ihnen nicht helfen, sondern irgendwie auffallen – natürlich können Sie vorab das Thema bereits besprechen, aber nicht alles dazu einüben. Hüten Sie sich auch davor, schwierige Schüler*innen auszuschließen – man möchte auch sehen, dass Sie mit ihnen umgehen können.

Die Stunde sollte einerseits eine alltägliche Stunde sein, andererseits jedoch auch etwas Besonderes. Das bedeutet zum einen, dass Sie Routinen zeigen (Stuhlkreis bilden, eigenständig arbeiten, in Gruppen arbeiten etc.), doch zum anderen auch in der Lage sind, neue Inhalte einzuführen, neue Arbeitsformen auszuprobieren oder Inhalte überprüfen zu können.

In der Regel werden Einführungsstunden in ein Thema gezeigt. Das kann gut gehen, kann aber auch zu einem großen Problem werden, da Sie die Vorkenntnisse falsch eingeschätzt haben. Außerdem wird in einer solchen Situation umso deutlicher, wenn die Routinen nicht sitzen und die Klasse eben nicht auf Fingerschnipsen reagiert.

Wenig gezeigt werden Übungsstunden. Dabei können das sehr sichere Stunden sein und als neues Element können Sie hier neue Arbeitsformen einführen. Stationenarbeit zum Beispiel. Hier durchlaufen die Schüler*innen wie beim Zirkeltraining im Sport eine Station nach der anderen. Sie können hier tolle, interessante und altersgerechte Übungen anbieten, in denen die Kinder wechselweise allein oder in Gruppen arbeiten und ihr Wissen wiederholen.

Oder halten Sie Stunden, in denen Präsentationen gehalten werden. Hier können Sie unter Beweis stellen, dass Ihre Schüler*innen verschiedene Methoden der Informationsbeschaffung kennen und damit umgehen können. Gleichzeitig zeigen Sie, dass die Schüler*innen in der Lage sind, auf unterschiedliche Art und Weise zu präsentieren. In beiden Unterrichtsszenarien, also dann wenn die Aktivität der Schüler*innen recht hoch ist, müssen Sie zeigen, wer in dieser Klasse die Fäden in der Hand hält. Das bedeutet, Sie leiten den Beginn und das Ende und sind zu jedem Zeitpunkt der Ansprechpartner*die Ansprechpartnerin.

Pannen während des Besuchs

Das Leben läuft nicht wie geplant. Es passiert immer etwas, das Sie nicht vorhersehen können. Aber es ist wichtig, wie Sie damit umgehen. Kommt die besagte Biene als Störfaktor ins Klassenzimmer geflogen und Sie schreien am lautesten, obwohl Sie nicht allergisch sind, dann ist das nicht so gut. Haben Sie Angst vor Spinnen, lassen Sie den Raum am Tag zuvor absuchen. Wichtig ist, dass solche Dinge Sie nicht aus der Fassung bringen. Bekommt ein Kind Nasenbluten, verletzt sich jemand oder tritt eine andere Notsituation ein, können Sie die Prüfer*innen bitten, zu helfen. Nicht mit den Worten: „Was machen wir denn jetzt?", sondern indem Sie den restlichen Schüler*innen eine Aufgabe geben, die Prüfer*innen bitten, Aufsicht zu führen, bis Sie zurück sind. Sie begleiten dann das betroffene Kind ins Büro und kommen schnell wieder. Bei kleineren Problemen können Sie auch ein anderes Kind mitschicken. Tritt ein wirklicher Notfall ein (Krampfanfall, Ohnmacht etc.), rufen Sie eine*n Notärztin*arzt und brechen die Stunde ab. Das würden Sie auch sonst tun. Für den Fall, dass Sie einen Schüler oder eine Schülerin in Ihrer Klasse haben, bei dem oder der Sie wissen, dass ein Notfall eintreten kann (Bluterkrankheit, Epilepsie, Diabetes etc.), schreiben Sie dies unbedingt in Ihren Entwurf mit hinein. Sie wissen, andere Menschen können das nicht wissen und verstehen Ihre Reaktion nicht. Haben Sie z.B. ein Kind in der Klasse, das sich nicht gern anfassen lässt, muss auch dies vermerkt sein.

Es gibt aber noch mehr Schwierigkeiten, die auftreten können. Beispielsweise haben Sie eine Klasse, die in der Regel super mitarbeitet, aber am Tag des Besuchs traut sich niemand den Mund aufzumachen. Das ist normal, wenn die Schüler*innen das nicht gewohnt sind. Es hilft nicht, ihnen vorher zu sagen, wer im Fokus steht. Es kann sogar sein, dass die Schüler*innen extra schweigen, um Ihnen zu helfen, denn sie

War da noch was?

könnten Sie blamieren, wenn sie etwas Falsches sagen. Am Anfang mit einer Fragerunde zu beginnen, ist also eher nicht sinnvoll. Das können Sie mit einer Klasse machen, die es gewohnt ist, Publikum zu haben. Rechnen Sie damit, dass Schüler*innen das Arbeitsmaterial, das Sie benötigen, nicht dabeihaben. Lassen Sie das Material am Vortag schon in der Klasse oder haben Sie Ersatz dabei.

Es kann passieren, dass Sie angespannter sind als sonst und sich dies auf die Schüler*innen überträgt. Bauen Sie unbedingt Phasen ein, in denen sich beide Seiten entspannen können.

Ein weiteres Problem kann auftreten, wenn die Schüler*innen den Prüfer oder die Prüferin lustig finden und anfangen zu kichern. Merken Sie das, dann erzählen Sie einen passenden Witz (vorher überlegen!!!) und fangen Sie die Schüler*innen danach wieder ein.

Aber vor allem zeigen Sie, dass Sie auch eine ungeplante Situation bewältigen können. Ein Beispiel dazu: Sie haben eine tolle vierte Klasse in Deutsch und heute wurde das Thema „Personenbeschreibungen" behandelt. Eigentlich ein großartiges Thema und Sie haben sich überlegt, eine Figur aus einem Buch zu wählen, die die Schüler*innen beschreiben sollen. So können Sie am Anfang ein wenig vorlesen, dann etwas besprechen. Die Schüler*innen arbeiten in Gruppen, wie die Person aussieht und sich gibt, und im Anschluss tragen sie es vor. Gute Stunde, nicht spektakulär, aber es sollte klappen. Nun haben die Schüler*innen – warum auch immer – beim Spielen in der Pause vergessen, dass die Stunde heute ist und vor lauter Übermut einen Klassenkameraden im Schrank positioniert. Besagtes Kind fand das auch ganz lustig und sitzt nun im Schrank. Natürlich merken Sie das recht schnell, weil niemand in einem Schrank leise sitzen kann, die Klasse lacht oder schaut erschrocken. In einem solchen Fall können Sie ihre Spontanität beweisen, schnell einen Vermisstenfall konstruieren und das Geschehen miteinbinden. Seilt sich die schon erwähnte Spinne ab, dann schreiben Sie auf die Wandtafel: „Nächstes Thema: Gefährlichkeit von Spinnen in Mitteleuropa!" Kommt ein Kind zu spät, lassen Sie es demonstrieren, wie man sich richtig entschuldigt. Weint ein anderes Kind, weil der Reißverschluss der Jacke klemmt, befreien und trösten Sie es.

Prüfer*innen möchten gar nicht unbedingt eine perfekte Stunde sehen. Solche Stunden sind gestellt. Natürlich soll auch nicht das Chaos toben – aber zeigen Sie, dass Sie unvorhergesehene Probleme lösen können. Das macht Eindruck.

Einbinden der Prüfer*innen

Eigentlich sitzen Prüfer*innen meist hinten in der Klasse. Es klappt nicht immer, aber manchmal kann man sie auch einbinden. Sie sollen nun keine großen Aufgaben übernehmen, aber sie dürfen schon mit rumgehen, wenn etwas gefaltet wird und den ein oder anderen Kniff ausführen. Sie können bei Schüler*inneninterviews als Interviewpartner*in gewählt werden und wenn Sie z. B. Knetgummi im Matheunterricht herstellen, bekommen die Prüfer*innen selbstverständlich davon auch ein wenig ab.

Herumgehen

Bereiten Sie Ihre Schüler*innen darauf vor, dass die Prüfer*innen in Einzelarbeitsphasen, in Partnerarbeitsphasen und auch während der Gruppenarbeit herumgehen, mit den Schüler*innen reden wollen und die Ergebnisse sehen möchten. Wenn die Schüler*innen das vorab wissen, sollte das in Ordnung sein. Laden Sie die Prüfer*innen sogar direkt ein und erwähnen Sie, dass die Kinder ihre Arbeiten gern zeigen.

Arbeiten von Schüler*innen, Hefte, Klassenbuch

Die Prüfer*innen sehen, wenn Sie eine Stunde zeigen, nur eine Momentaufnahme Ihrer Arbeit in der Klasse. Um einen besseren Überblick zu vermitteln, schreiben Sie in Ihrem Entwurf auch genau auf, wo diese Stunde in der Einheit zu finden ist. Manchen Prüfer*innen reicht das, anderen nicht. Arbeiten von Schüler*innen, Arbeitshefte und Klassenbuch werden in einem solchen Fall gern auch als Anschauungsmaterialien genommen. Stellen Sie sicher, dass Sie all diese Materialien bereitliegen haben. Klassenarbeiten sollten kontrolliert, alle Eintragungen im Klassenbuch vollständig sein. Prüfen Sie das vorab.

Halten Sie auch andere Materialien der Schüler*innen bereit, um zeigen zu können, was Sie in den vergangenen Wochen und Monaten gemacht haben. Es muss nicht sein, dass dies von Bedeutung ist, aber es kann sein, dass es zur Sprache kommt.

Nachbesprechung

Bei der Beurteilung Ihrer Stunde fallen drei Bereiche ins Gewicht. Der erste Bereich ist Ihre Planung. Diese können Sie vorbereiten. Der zweite ist die Stunde selbst. Diese lässt sich bedingt vorbereiten. Sie müssen hier auf das reagieren, was in der Stunde gut und was nicht so gut gelaufen ist. Stehen Sie zu Ihren Fehlern. Sie haben Zeit zwischen der Stunde und der Nachbesprechung. Gehen Sie erst einmal ein paar Minuten in eine ruhige Ecke, atmen Sie durch, trinken Sie etwas. Überlegen Sie sich dann ein paar Punkte, zu denen Sie sich äußern möchten. Beginnen Sie mit etwas, das Ihnen besonders gut gefallen hat und von dem Sie meinen, dass es auch als gut empfunden wurde. Bringen Sie dann die Dinge an, die nicht so gut funktioniert haben und enden Sie wiederum mit etwas, das Ihnen gut gelungen ist. Dabei sollten Sie die Situation realistisch einschätzen.

Sollten Ihre Schüler*innen die von Ihnen angestrebten Kompetenzen nicht erreicht haben, wird das ein Diskussionspunkt werden. Erklären Sie, woran das gelegen hat. Schieben Sie nicht den Schüler*innen die Schuld in die Schuhe. Natürlich ist das ganze immer ein Zusammenspiel aus Aktion und Reaktion – in der Endbetrachtung haben jedoch Sie die Klasse falsch eingeschätzt, sie überfordert, unterfordert – wie auch immer. Sie haben einen Unterricht geplant und dann auch durchgeführt, bei dem die Ziele nicht erreicht wurden. Zeigen Sie sich im Gespräch einsichtig, versuchen Sie herauszufinden, warum das so war. Es kann auch sein, dass Sie wissen, woran es lag und absichtlich in der Stunde etwas abgewandelt haben. Erklären Sie das. Wenn Ihre Begründung schlüssig ist, ist das völlig in Ordnung, das zeigt, dass Sie situationsbezogen handeln können. Sie bemerken Fehler, die Sie in der Planung gemacht haben. Es zeigt auch, dass Sie diese erkennen.

Wenn Ihnen Vorschläge gemacht werden, dann hören Sie zu, fragen Sie nach, wie das gemeint ist und lassen Sie sich Beispiele geben. Sitzen Sie nicht da und schauen Sie bedrückt, sondern nehmen Sie aktiv am Gespräch teil.

Schriftliche Arbeit

Sollten Sie eine schriftliche Arbeit anfertigen müssen, so kann es sein, dass Sie erst einmal überwältigt sind von der Seitenzahl. 50 Seiten oder mehr können am Anfang schon ganz schön viel sein. Doch Sie müssen diese Seiten nicht alle auf einmal schreiben.

Beginnen Sie erst einmal damit, sich ein Thema auszusuchen. In der Regel muss ein Unterrichtsthema durchgeführt und im Anschluss daran beschrieben werden. Dieses Thema sollte drei Personen bzw. Personengruppen entsprechen. Die erste Person, zu der es passen muss, sind Sie selbst. Nehmen Sie kein Thema an, das Ihnen nicht liegt. Sie werden sich bei diesem Thema unnötig verrenken und es wird Ihnen sehr schwerfallen, etwas dazu durchzuführen und zu schreiben. Dann muss es zur Ihrer Lerngruppe passen. Suchen Sie sich erst eine Lerngruppe aus, danach ein passendes Thema. Nicht jedes Thema, das altersmäßig passt, ist auch für Ihre Lerngruppe geeignet. Und schließlich ist es auch wichtig, dass diejenigen, die Ihre Arbeit lesen, damit etwas anfangen können. Haben Sie das Gefühl, dass das Thema abgelehnt wird, dann bestehen Sie nicht unbedingt darauf. Bitten Sie um Hilfe bei der Themenwahl. Überlegen Sie sich dann, wohin Sie wollen, und arbeiten Sie immer wieder mit der Person zusammen, die es prüfen wird. Legen Sie das Inhaltsverzeichnis fest und wie genau Sie die Unterrichtseinheit durchführen wollen. Dokumentieren Sie alles, denn es ist besser, zu viel Material zu haben als zu wenig. Zur Seite legen können Sie immer noch etwas. Wenn etwas nicht so läuft, wie Sie es möchten, so ist das nicht schlimm. Sie müssen auch dies nur begründen und erklären, warum es so gelaufen ist und nicht anders. Im Grunde ist eine solche Arbeit eine von Ihnen durchgeführte Unterrichtseinheit, bei der Sie einen Schwerpunkt festlegen und diesen anschließend dokumentieren. Machen Sie erst eine Planung, dann dokumentieren Sie die Durchführung und schließlich die Nachbetrachtung. Sie müssen hier also das Gespräch, das Sie nach einer Stunde führen, schriftlich niederlegen. Seien Sie kritisch gegenüber sich selbst und den Schüler*innen. Was ist hier gut gelaufen und was nicht? Welche Lehren ziehen Sie für sich daraus und was würden Sie beim nächsten Mal anders machen? Schreiben Sie nur, dass alles super war, ist das nicht das, was von Ihnen erwartet wird.

Eigene Leistung

Sie müssen schriftlich versichern, dass die Arbeit Ihre eigene Leistung ist. Erst einmal ist das klar, denn Sie arbeiten schließlich allein daran und lassen niemanden für sich arbeiten. Doch Sie müssen auch Fachliteratur hinzuziehen und da lauert die Gefahr. All das, was nicht Ihre eigene Leistung ist, müssen Sie als Zitat kennzeichnen.

Sprechen Sie ab, wie die Quellenangaben aussehen und aufgeschrieben werden. Sollen die Quellen in der Fußzeile der Seite oder am Ende aufgeführt werden?

Es ist wichtig, dass Sie Quellen verwenden. Das zeigt, dass Sie sich nicht nur mit Ihren eigenen Gedanken auseinandersetzen, sondern auch mit den Gedanken und Ideen anderer Personen, die vor Ihnen in diesem Bereich geforscht haben. Sie verstehen die Gedanken, können sie nachvollziehen und sie auf Ihre Lerngruppe herunterbrechen. Oder Sie widerlegen eben genau diese Gedanken und können dies aufzeigen. Sprechen Sie auch die Literatur, die Sie verwenden möchten, mit Ihren Prüfer*innen ab. Hüten Sie sich davor, etwas abzuschreiben und als Ihre persönliche Leistung auszugeben. Auch minimale Änderungen gelten nicht als eigene Arbeit. Sie können sich Ideen und Anregungen holen – formulieren Sie aber bitte selbst und geben Sie alle Quellen an. Das gilt auch für Arbeitsblätter, im normalen Alltag und für die Arbeit im Besonderen. Niemand hat etwas dagegen, wenn Sie ein Blatt aus einer Kopiervorlage nutzen, aber markieren Sie es auch als die Arbeit eines anderen!

Mündliche Prüfungen

In einer mündlichen Prüfung wird Ihnen in der Regel eine Aufgabe zum Schulrecht, zu einer Problemstellung in der Klasse, zu einem fachlichen Problem oder Ähnliches gestellt. Man fragt Sie dann, wie Sie damit umgehen können, wie Sie das planen würden. Stellen Sie dies ausführlich dar. In der Regel grenzt man vorab die Fragen, die Ihnen gestellt werden, thematisch ein, sodass Sie wissen, auf was Sie sich vorbereiten müssen. Vielleicht gibt man Ihnen auch Literatur an die Hand, auf die Sie sich beziehen können. Natürlich ist jeder vor einer mündlichen Prüfung nervös – das ist normal, doch versuchen Sie sich zu beruhigen. Sehen Sie das Ganze als ein Gespräch an. Versuchen Sie keine Ein-Wort-Antworten zu geben, sondern bilden Sie ganze Sätze. Erklären Sie Ihre Antwort und lassen Sie die Prüfer*innen an Ihren Gedankengängen teilhaben. Bleiben Sie höflich, fragen Sie nach, wenn Sie etwas nicht verstehen. Versuchen Sie nicht auszuweichen, sondern bleiben Sie beim Thema. Konstruieren Sie aus den theoretischen Fragen praktische Probleme, die Sie mit dem, was Sie in der Schule erlebt haben, verknüpfen können.

Selbstvertrauen

Zum Schluss noch einmal ein Appell an Sie, an sich selbst zu glauben. Sie haben Lebenserfahrung, Sie habe Berufserfahrung und beginnen nun etwas Neues. Wenn Sie sich gut vorbereiten, dann können Sie das bewältigen. Es ist nicht so, dass es immer leicht sein wird, doch mit kontinuierlichem Einsatz ist es zu schaffen. Setzen Sie sich Meilensteine, die Sie erreichen können. So kommen Sie langsam immer ein Stück weiter.

Literaturverzeichnis

J. Boelmann, T. Roberg, D. Sawatzki, D. Schlechter, J. Schneider: Erziehungs- und Ordnungsmaßnahmen sinnvoll einsetzen – Das Praxisbuch: Profi-Tipps und Materialien aus der Lehrerfortbildung, Auer Verlag 2013.

R. Chise, D. Leschnikowski-Bordan, J. Schneider, M.-C. Wicker: Leistung messen und bewerten – Das Praxisbuch: Profi-Tipps und Materialien aus der Lehrerfortbildung, Auer Verlag 2019.

B. Elsner, S. Schmidt: Ratgeber Referendariat, Auer Verlag 2015.

M. Fröhlich, C. Rattay, J. Schneider: Effizienter korrigieren – Das Praxisbuch: Profi-Tipps und Materialien aus der Lehrerfortbildung, Auer Verlag 2015.

M. Humbach, C. Kluwe, K. Kress, D. Schlechter, J. Schneider, R. Wensing: Inklusion in der Schule – Das Praxisbuch: Profi-Tipps und Materialien aus der Lehrerfortbildung, Auer Verlag 2018.

I. Kokavecz, T. Rüttgers, J. Schneider: Stress und Burn-out vermeiden – Das Praxisbuch: Profi-Tipps und Materialien aus der Lehrerfortbildung, Auer Verlag 2012.

C. Maitzen: Feedback-Kultur in der Schule – Das Praxisbuch: Profi-Tipps und Materialien aus der Lehrerfortbildung, Auer Verlag 2017.

C. Rattay, J. Schneider, R. Wensing, O. Wilkes: Unterrichtsstörungen souverän meistern – Das Praxisbuch: Profi-Tipps und Materialien aus der Lehrerfortbildung, Auer Verlag 2018.

A. Roggenkamp, T. Rother, J. Schneider: Schwierige Elterngespräche erfolgreich meistern – Das Praxisbuch: Profi-Tipps und Materialien aus der Lehrerfortbildung, Auer Verlag 2014.

A. Thömmes: Die schnelle Stunde Allgemeinwissen: 30 originelle Unterrichtsstunden ganz ohne Vorbereitung, Auer Verlag 2016.